乡村供电所运营维护与安全管理

张刚　吕沛　王军／主编

吉林科学技术出版社

图书在版编目（CIP）数据

乡村供电所运营维护与安全管理 / 张刚，吕沛，王
军主编. -- 长春 ： 吉林科学技术出版社，2019.10
ISBN 978-7-5578-6203-9

Ⅰ．①乡… Ⅱ．①张… ②吕… ③王… Ⅲ．①农村配
电－工业企业管理－安全管理－中国 Ⅳ.
①F426.61-62

中国版本图书馆CIP数据核字(2019)第233060号

乡村供电所运营维护与安全管理

主　　编　张　刚　吕　沛　王　军
出 版 人　李　梁
责任编辑　孙　默
装帧设计　陈　雷
开　　本　787mm×1092mm　1/16
字　　数　180千字
印　　张　13.75
版　　次　2020年4月第1版
印　　次　2020年4月第1次印刷

出　　版　吉林科学技术出版社
发　　行　吉林科学技术出版社
地　　址　长春市龙腾国际出版大厦
邮　　编　130021
发行部电话/传真　0431-85635177　85651759　85651628
　　　　　　　　　　85677817　85600611　85670016
储运部电话　0431-84612872
编辑部电话　0431-85635186
网　　址　www.jlstp.net
印　　刷　三河市元兴印务有限公司

书　　号　ISBN 978-7-5578-6203-9
定　　价　80.00元

前　言

电力是一种能源，其是以电能作为动力，在 19 世纪 70 年代被发明于世，它的发明和应用掀起了第二次工业化的高潮，成为自 18 世纪以来世界发生的三次科技革命之一，从而改变了人们的生活。当今，进入互联网时代的我们对电力仍然有着持续增长的需求，新科技的不断出现使电力成为了人们离不开的必需品。

伴随着科技的发展，我国的经济也在稳定快速的发展，乡村经济作为经济的组成部分也快速地发展，向目标中的新社会农村前进。供电作为乡村一切生活的必备，对乡村安全、经济、可靠供电的要求也越来越高，占据着重要的地位。

为了对乡村供电实行"四到户""五统一""三公开"管理，根据国家电网公司的要求，全国完成了乡镇电管站的改革，成立了乡村供电所，规范了乡村电力市场，降低了乡村到户电价，减轻了农民负担。而在此基础上，尽快提高乡村电工的业务水平，就显得尤为迫切。

在电力事业中，乡村供电所具有服务型的特征，考虑用电用户的需求，加强乡村供电所服务人员的业务素质和服务水平，更好地为乡村客户服务，是各地供电公司的迫切需要。在乡村供电所的管理中，推行科学化、精细化的管理方法，明确乡村供电所的运营目标，注重供电所管理的运用，拉近乡村供电所与用电用户的关系，能够减少对电力事业带来的不利影响。

基于上述情况，本书针对乡村供电所的运行维护与安全管理进行了梳理，全书分为十章，第一章对我国的电力情况进行了说明，第二章对农电发展属性及国内外实践总结进行了阐述；第三章介绍了乡村电力网，第四章介绍了乡村供电所的管理现状，第五章阐述了供电所的规范化管理；第六章介绍了供电所规范化建设的基础，第七章对乡村配电线路的运行维护进行了阐述，第八章进一步说明了电力电缆运行维护及故障探测，第九章介绍了农村供电所运行的维护，第十章对农村供电所的安全管理进行了阐述。

本书在写作过程中，一些同行专家、学者的有关著作、论文扩展了编者的视野，提高了编者的专业认识与水平，并吸取了一些研究成果，在此谨致诚挚的谢意。限于编者水平，书中难免有许多不妥之处，恳请同行专家、学者和广大读者惠予批评指正。

目 录

第一章　我国电力发展情况

第一节　我国经济发展中电力的地位和作用

一、我国经济社会发展中电力的地位

（一）电气化程度是衡量社会经济的重要标志

电力工业的出现和发展在能源领域引发了革命，促使社会生产从能源密集向技术密集转变。电力不仅能够为社会经济发展提供动力支持，而且还能够提升社会生产效率。轻工业发展和人们的实际生活密切相关，在社会经济的发展下电力被广泛应用在社会各个领域，在某种程度上成为衡量一个国家社会经济发展重要标志。电气化程度衡量社会经济发展水平的指标体现在以下几个方面：第一，电能消费在社会能源总消耗中比重的增长。电能的使用不仅能够提升社会能源利用率，而且还能够为社会经济发展提供重要能源支持。因此，随着社会经济的发展电能消费在能源消费总结构中的比重不断增加。第二，人均用电水平的提升。根据国家能源机构调查统计分析，在以往世界范围内人均用电水平存在较大的差异。但是随着社会经济的不断发展，人均用电水平不断提升。

（二）电力发展先行于社会经济

受电力生产与消费关系特殊性的影响电力发展先行于社会经济。在国家工业化的发展进程中，电力工业发展一般超过国民经济增长速度，随着电力工业的发展，为了能够更好地促进国民经济进步，要求电力发展要先行于社会经济进步，进而减少电能的消耗。

二、我国经济社会发展中电力的作用

（一）电力是现代社会发展的重要能源

从实际情况来看，电能具有使用方便，安全清洁等优势特点，在电力市

场的稳定发展下，电能的使用范围也不断扩大。结合社会主义市场经济发展要求，怎样提供充足可靠优质的电能是电力行业发展的重要奋斗目标。

在用电技术和用电器械的不断开发下电能应用范围逐渐扩大，表现为电气照明器具的发明和进步垄断了当前太阳光以外的照明领域；电动机的出现成为社会发展的重要动力来源；电加热炉灶的出现提升了能源利用率；电解方法的进步满足了社会发展对电动车质量要求；电气化铁路的出现和发展解决了陆地运输上的不便……由此可见，在社会经济的不断发展下，电能已经成为国民经济发展重要因素。

（二）电能的有效用引发能源领域革命

从当前发展实际情况来看，电能的应用是在蒸汽机之后历史上对能源利用的第三次变革。电能的应用促进了农业密集型产业的发展，有效提升了社会生产力。在电能的应用发展下实现了和电子技术的有效结合，为人类生活条件的改善，提供了重要支持。电力工业的快速发展对社会经济产生的革命变化主要反映在以下几个方面：第一，电能为国家工业农业发展提供了重要基础支持。突出表现为电能的发展实现了工农业大规模、系统化、自动化生产。第二，电能为社会技术进步和新型工业的出现提供了重要支持。第三，电能为现代化文明建设奠定了良好基础。基于电能所具备的发电、传输、分配、使用是在一瞬间完成的，这种特点适合现代化管理体制的要求，因而，电能在社会主义现代化建设中起到了十分重要的作用。

（三）电力系统和社会发展密切关联

在电气化时代下，电力和社会发展存在密切的关联，具体体现在以下几个方面：第一，社会公用性。在电气时代社会，电能逐渐成为一种社会必需品，社会一旦失去电能，将无法有效运行。第二，发展依存性。电能消耗的增减和社会经济活动增长密切关联，以社会经济为基础，社会经济增长又以电能发展为条件，二者存在密切的关联。第三，反映敏感性。电能生产、使用处于一种瞬间平衡的状态，且社会经济活动和电能的使用密切关联，电能的使用变化会通过电力生产体现出来。

电力经济发展和社会经济发展密切关联，对经济发展依赖于电力的发展，而在社会经济发展过程中电力工业所占比重较大，对人们的社会生活所产生的深刻影响。为此，在新的历史时期需要相关人员在可持续发展理念的引导下，调动一切积极因素，不断提升电气化发展水平，进而充分发挥出电力工业在社会经济，农业与环境协调中的平衡作用，促进社会经济发展。

第二节　我国电力发展前瞻

一、电力行业发展现状

改革开放以来，随着我国快速发展的能源工业，对经济社会发展有了有力地提升。但在这一过程中，也逐渐积累了一些矛盾和问题，并在近些年来开始得以暴露和凸显。随着我国电力需求，能源持续快速增长，国内反复出现煤、电、油、气紧张的局面，和日趋严峻的生态和环境保护形势，以及越来越大应对气候的变化的压力，需要对能源结构加快调整。同时，不断孕育发展以新能源和智能电网为标志的新一轮能源技术革命，能源电力发展形势正发生深刻变化。因此，现阶段提出的"电力为中心"，其内涵和意义已截然不同。

二、我国电力的需求与经济及社会发展的关系

电力工业是支撑国民经济和社会发展的基础性产业和公用事业，随着我国国民经济的快速发展和人民生活水平的不断提高，对电力的依赖程度也越来越高。电力需求与国民经济密切相关，电力弹性系数反映了用电增长速度与国民经济增长速度的相对关系。改革开放以来，我国经济进入了快速发展时期，特别是本世纪以来，工业化、城镇化、市场化、国际化的快速发展，拉动重工业和电力工业以超过前20年平均发展速度的高速不断增长，趋势还在继续。

三、我国电力行业的发展的机遇

我国地大物博，自然、经济条件差别大，城市、县镇、农村用电点多、面广、分散，要求不同，而水能资源遍布全国各地，特别是少数民族地区、边远地区和贫困地区具有可开发量丰富中小水电资源。

现阶段社会生产力还不发达，发展电力生产力的多结构、多模式，决定

电力生产关系的多结构、多模式。推动电力工业发展的重要动力是正确对待和妥善处理两者矛盾之间的重要方法。

中国发展农村水电，采取分散布点、就地开发、就近成网、成片供电的模式，建设有中国特色的农村电气化，比较好地解决了世界上特别是发展中国家的共性问题。

在积极推进全国联网的同时，分布式供电的农村水电实行地方办电与管电、管网的结合，建立和完善发供一体的地方独立配电公司，参与培育多市场竞争主体有序竞争的电力市场，符合电力体制改革的趋势，适应解放和发展电力生产力和农村社会生产力的要求，适应社会主义市场经济发展的需要，适合资金来源多渠道、投资主体多元化、公有制实现形式多样性的举办经营特点。

四、我国电力行业的发展前景

（一）电力可持续发展

实现电力可持续发展，目的在于扩大可靠的和能支付得起的电力供应，同时减少负面的健康与环境影响，重点在于优化电源结构、扩大供应范围、激励提高效率、加速再生能源的利用。推广先进技术的应用等方面。

我国的电力结构将包括电源结构、电网结构、电力的产业结构和电力技术结构。而电源结构则更大程度决定于能源结构，电网结构决定于电源布局与负荷分布，产业结构则决定于企业发展战略，技术结构则随科技进步、装备水平等而变动。

我国以煤为主的能源结构在相当长时期内不会发生根本改变，在降低二氧化碳排放强度方面比其他国家面临更大的困难。未来我国经济、能源消费、二氧化碳排放还将持续增长，面对温室气体减排要求，中国需要创新可持续经济发展、能源利用模式。我国迫切需要对未来能源技术的发展方向进行战略选择，对能源结构调整和清洁能源发展进行战略部署。

当前世界各国正在积极调整能源结构，大力发展清洁能源，努力提高能源效率，积极应对气候变化，"清洁、低碳、高效"成为国际能源发展的新趋势。我国保障能源供应任务艰巨，能源结构性矛盾突出，电力企业经营困难，这些问题的长期存在和积累，将严重制约电力行业的科学发展，影响我国经济社会的可持续发展。实现能源电力的科学发展，关键要按照国家"十二五"规划纲要提出的要求，以加快建设国家五大综合能源基地为契机，加快发展特高压输电，构建全国性的骨干电网，为更大范围能源资源优化配置提供基础平台，这既符合我国国情，又能适应能源清洁低碳发展的客观需要，是未来我国能源与电力可持续发展的必由之路。

（二）智能电网助力可持续发展

1.智能电网建设推动清洁能源发展

大规模开发和利用清洁能源，是世界各国保障能源供应、保护生态环境、应对气候变化的共同选择。电网智能化已成为世界电网发展的新趋势。智能电网的建设，将会成为中国清洁能源发展的重要组成部分。我国的资源丰富、国情、技术特性和经济性决定了建设以特高压为骨干网架的坚强智能电网，是实现清洁能源大规模开发、远距离输送和大范围消纳的唯一途径。智能电网的建设，将会成为中国清洁能源发展的重要组成部分。

2.我国电力系统跨越式发展

我国正处于工业化和城镇化快速发展阶段，能源需求持续较快增长，能源需求和能源供应成逆向分布，常规化石能源供应存在较大缺口，温室气体国际减排压力较大，清洁能源（指水电、核电、风电、太阳能发电、生物质能发电，太阳能热利用、生物质燃料、地热等，未来清洁能源大多转换为电力加以利用）迅猛发展，清洁能源与化石能源并驾齐驱，逐渐增加清洁能源的比重。未来电网的使命是必须具有可接纳大规模可再生能源电力的能力，与终端利用紧密结合，大幅度提高终端能源利用率，具有极高的供电可靠性，基本排除大面积停电的现象，并且与通信信息系统紧密结合，实现覆盖城乡的能源、电力、信息等综合服务体系，因此，我们必须将智能电网建设提升为国家战略目标，统一思想、统一目标、不断推进，才能更好地推动世界电网的不断发展，抓住历史机遇，实现电力系统和相关产业的跨越式发展。

第三节　我国农村电力发展政策

一、我国农村电力发展的内涵

我国农村电力涉及三个方面的内涵，一是农村电力生产，以小水电为主；二是农村电网建设，以低压配网为主；三是农村电力管理体制。可见农村电力与农村电气化不完全一致。农村电力是二元结构中国的特殊产物，由于受制于城乡割据，农村电网长期处于落后和弱势地位。与城市电网不同，发展建设初期很少靠国家投资，主要由县乡政府为主，由农民、农村集体筹集资金建设。这种状况在1998年发生彻底改变，中央政府提出"改造农村电网、改革农电体制、城乡同网同价"政策，推进了农村电力的跨越发展。

现在，农村电力供应和服务主要由国家电网公司和南方电网公司所属的县级供电企业提供，国家电网公司管理的1924个县级供电企业，其管辖服务范围内农村人口为6.625亿人；南方电网公司管理的338个县级供电企业，其管辖服务范围内农村人口为1.344亿人。

从新中国成立到现在，跨越70多年的变化，农村电力的发展经历了由小到大、由慢到快、由落后到先进、由城乡分割初步走向城乡统筹的过程。

二、我国农村电力发展的历程和成就

（一）农村电力发展的历程

第一阶段（1949～1978）：奠定基础。新中国成立初期，农村电力主要是利用农村当地能源，农民自办小型水电站，主要用于照明、农业灌溉和农副产品的简单加工（例如谷类磨房）。这一时期，农村电力由地方管理，分散经营，还没有成立统一管理的部门。1958年，农业部召开全国农村水电会议，提出要在一个省先抓（试点）5个县和100个公社的农村初步电气化建设设想，以点带面，不断发展。新中国成立后近十年，农村电力的投资主要由地方筹集。1960年，中国共产党八届八中全会提出了"以农业为基础，以工业为主导"的国民经济发展方针，兴建电力排灌站，解决农业用电，便成为发展农业、提高粮棉产量的一项重要措施。1963年，中央批准当时的水利电力部设立农村电气化局，国家电网的供电开始由大城市郊区延伸到商品粮基地，农村供电以商品粮棉基地为重点，以排灌用电为中心，以电网供电为主力，电网和农村小型电站（主要是小型水电站）发展并举。1978年，全国农村用电量达到了510亿千瓦时，占全国总用电量的40%。

第二阶段（1979～1987）：步入正轨。党的十一届三中全会以后，中国走向以经济建设为中心的发展轨道，农村电气化建设工作日益重要。中央政府发展农村电力的重点在系统地实行农村电气化。1983年，国务院批准了建立100个农村电气化县，并且由中央财政提供每年1亿元的支持。在这一阶段，城镇和村级成立了电管站，农村电气化由县扩展到城镇和乡村。1987年底，农村地区人均年用电量达到了30千瓦时，农村用电量占全国总用电量的31%。

第三阶段（1988～1997）：快速发展。在此阶段，逐渐开放和地方分权的能源政策允许地方投资进入逐渐形成的发电市场，这使得农村地区电气化加速发展。国有电力部门实施了一些措施实现农村电气化，开始是县城周边的城镇，然后向边远地区扩展。县政府和其他投资商一样开始建立自己的发电和配电设施来供应电力给当地用户。1991年，国务院批准建设第二批200个农村水电初级电气化县，决定每年安排2亿元财政投入，中央政府在资金上保证了农村水电初级电气化建设的需要。1992年，由于出现全国缺电的局面，农村、农业及农民生活用电得不到保证，国家及时提出了"确保农业生产的季节性用电、确保农民生活晚上几个小时的生活照明用电。"1994年，国家提出"八七扶贫攻坚计划"（用7年时间解决8000万贫困的人口脱贫问题），按照国务院的整体部署，电力系统提出了"电力扶贫共富工程"，其目标是用7年时间消灭28个无电县，使全国95%上的农户用上电，在农村经济较发达的地区，努力提高用电水平，更好地满足农村经济发展的要求。工程实施一年多，就有24个省（市、自治区）实现了行政村"村村通电"，解决了近6000万农民的用电问题，山东省率先在全国实现户户通电。1997年末，农村家庭通电的地区达到了95.9%，农村用电量占全国总用电量比重上升到33%。与此同时，农村电力管理体制逐步得到加强和完善，全国形成了以国家、大区（如华北地区、华东地区）、省、市、县、乡为主体框架的六级管理体系。1998年6月前，全国约2400个县供电企业，其中，760个企业由中央电力部门直接管理和直接供应电力；1040个企业由地方所有，由省级电力公司采取趸售方式供电；其余600个企业是地方自建、自管、自供、以小水电为主的供电企业。这一阶段的农村电气化投资建设以地方建设为主，政策目标重点是解决无电户用电问题和农村电力供应。

第四阶段（1998～2002）：飞跃发展。1998年5月，为应对亚洲金融危机，扩大内需，拉动经济增长，国务院决定加大六项基础设施（农林水利、交通通信、城市基础设施、城乡电网建设与改造、中央直属储备粮库、经济适用住房）建设的投入，农村电网建设和改造项目是其中之一。1998年10月，国务院颁发国办发〔1998〕134号文件《国务院办公厅转发国家计委关于改造农村电网改革农村电力管理体制实现城乡同网同价请示的通知》，提出"改革农村电力管理体制，改造农村电网，实现城乡同网同价"。由国家启动实施的农村电网改造工程，其资金来源构成是：20%来自中央发行的国债，并作为专项资本金；80%为银行贷款，绝大部分由中央企业作为承贷主体，通过政策性加价两分钱实现还本付息。为了适应农村从温饱向小康的转变，农村电气化县建设政策发挥了积极的推动作用。国务院同意两大电网公司负责组织实施其供电区内的电气化县建设，到1998年底，在大电网供电地区建成了500个电气化县，有力促进了农村电力事业的发展。从1998年8月到2002年，中国对农村电网进行了两期改造，它构成这一时期农村电气化工作的核心和重点。自此，中国农村电网建设资金的主要来源彻底改变了依靠地方投资的状况，国家政策的扶持和电网企业的贷款成为主要渠道，这基本解决了长期困扰农村电网发展资金不足的难题，标志着农村电力发展模式的重大战略转变。

第五阶段（2003至今）：从城乡分割转向统筹。2003年，为了改善县城电网运行条件，增强县城电网供电能力和可靠性，更好地满足县城地区用电增长的需要，国家下达了县城电网建设与改造项目固定资产投资计划。国家发展和改革委员会发出《国家发展改革委关于下达2003年县城电网建设与改造项目固定资产投资计划的通知》（〔2003〕695号文件），下达2003年县城电网建设与改造投资3 342 121万元，其中，中央预算内专项资金232 221万元、地方预算内专项资金167 779万元、企业自有资金269 474万元、中国农业银行贷款2 383 114万元、国家开发银行贷款231 883万元、中国建设银行贷款57 650万元。县城电网改造是继一、二期农村电网改造后实施的又一次大规模电网建设与改造。2004年底，为解决中西部地区农村电网改造面覆盖不足的问题，国家开始启动西部农村电网完善工程，2006年扩大到中部地区。2010年中央一号文件中提出"要抓紧实施新一轮农村电网改造升级工程，提升农村电网供电可靠性和供电能力"，国家将安排120亿元资本金用于农村电网改造，按资本金占20%的比例计算，全年农村电网改造投资将近600亿元。

（二）农村电力发展的成就

新中国成立以来，中国制定了一系列鼓励农村电气化发展的政策，大力推进农村电气化县的建设，基本形成了较为完善、规范、标准化的农村电网体系。尤其是1998年以来，为了从根本上解决制约农村电气化发展的问题，国务院全面启动的农村电网改造工程，使得中国农村电气化事业取得了实质性飞跃。

截至2008年年底，国家电网公司累计建成170个农村电气化县、2019个电气化乡（镇）和34 570个电气化村。国家电网供电区域除西藏外，全部实现"户户通电"目标；农村电网综合供电电压合格率达97.05%，供电可靠率达99.54%。供电覆盖率大幅度提高，国家电网公司供电区域县、乡（镇）、村通电率分别由1978年的94.5%、86.83%和61.05%提高到2008年的100%、99.68%和99.74%；农户通电率由有统计数字的1983年的59.4%提高到2008年的99.89%。全国以农村水电为主供电的县为583个，有200多个县拥有完整的小水电供电网，有40多个跨县的地区性电网，3000多个乡（镇）有小水电自供区，湖南省、四川省、广西壮族自治区等拥有一批跨省联网的电网，农村水电网内全年用电量达665亿千瓦时。

截至2007年，国家电网公司供电区域除内蒙古东部外，均不同程度地实现了城乡居民生活用电的同网同价，17个省、1078个县实现了城乡分类用电同网同价。农民生活用电到户电价由1998年的0.7560元/千瓦时下降到2007年的0.5390元/千瓦时，仅2007年照明电费一项就减轻了农民用电负担233亿元。

三、我国农村电力发展政策的演变

随着农村经济形势和农村政策的变化，农村电力发展政策环境也随之变化。农村电力发展政策由不适应前者的变化逐步与前者相适应。以1998年实现的"农村电网改造、农村电力体制改革和城乡同网同价"为分水岭，农村电力投资主体、资金来源、发展政策目标和措施发生了质的变化，从建设新农村到城乡统筹发展，农村电力发展政策正朝着打破城乡二元结构、统筹发展之路变化。

（一）1998年以前

1998年以前，农村电网发展主要通过收取贴费和其他电费附加来获取建设资金。1983年水电部根据中央领导指示，召开农村电气化试点县座谈会，国务院批转了水电部《关于积极发展小水电建设中国式农村电气化试点县的报告》。为了贯彻党中央提出建设100个中国式农村电气化试点县，繁荣农村经济，加速农村物质文明和精神文明建设的指示，会议提出了一系列政策建议，包括：县以上建设小水电要列入地方基本建设计划；小水电建设资金以地方为主，中央给予必要支持；实行"以电养电"和"自建、自管、自用"的三自政策；电网趸售给县里产生的利润，用于发展小水电及地方电网；实行低息贷款；建立县一级管理实体；凡有大电网覆盖地区都要提倡联网；大小电网均应本着"团结治网"的精神，签订合同，共同遵守，以加快农村电气化事业发展等。这次会议奠定了在中国1/2国土面积上，在2/3县域内，近8亿人口，以及"老、少、边、穷"地区开发利用本地资源的基础，国家在贷款、税金等方面给予政策支持，以县为单位组成实体，采取"以电养电"方针，发展农村电气化事业。全国县以下用电量从1978年的242亿千瓦时，增长到1998年的4599亿千瓦时，20年间农村用电增长19倍。这次会议形成了具有中国特色的以地方为主发展农村电气化事业的模式和政策措施。

1984年，随着农村经济的发展，农村电力发展滞后的现状并没有改变，为了筹集农村电网发展资金，国家批准对110千伏以下供电工程收取贴费以来，供电工程贴费在弥补110千伏以下电网建设资金不足、促进城乡电网发展、改善用户电压质量以及降低电能损耗等方面起到了重要的作用。据统计，截止到1991年底，累计收取各项工程贴费91亿元，先后建成投产35～110千伏供电线路1.35万公里，变电容量3200万千伏安，10千伏及以下配电线路29.5万公里，公用配电变压器980万千伏安。但是，由于原贴费标准是以20世纪70年代实际工程决算为基础测算的，自1984年执行以来一直未做调整。根据物价、材料、设备、取费标准等因素的变化以及高低压电网建设中存在的严重问题，1993年初，国家计委调整了贴费标准。贴费成为农村电网建设资金的主要来源，同时地方政府也相应投入了部分费用。由于增容贴费的收取对象为当地新增用电户，因此，增容贴费投入基本上也归入到地方政府对农村电网的投入之列。可见，农村电力发展政策性投入主要依靠增容贴费。

农村电力是二元结构的产物，其发展深深打上了计划体制的烙印，不同于城市电网由政府投资建设，农村电网（有些地方还包括电源建设，如小火电、小水电等），则由农民和农村集体经济组织自筹资金投资建设。这一时期，中国农村电网发展的最大特点是自建、自管、自用，电网建设投入资金主要来源是农民出一点、集体出一点、国家（水利部门、电力部门）出一点，它构成了新中国成立到20世纪90年代初期近40年农村电力发展的主要特征，这个时期，农村电网建设资金缺乏银行等融资渠道和可靠来源，电网发展也没有统一规划。

（二）1998年以后

1998年后，国家实施了"两改一同价"工程，国家终止执行"集资办电"及地方出台的其他投资政策，初步建立起依靠国家基本建设投入和电网企业投入的农村电力发展机制。农村电网建设资金来源的改变，解决了长期困扰农村电网发展的资金不足，体现了城乡电网协调发展的建设思路，是农村电网发展模式的重大转变。这体现了农村电力发展政策的质的飞跃与变革。全国范围内，农村电力发展的主要政策措施包括三个方面：

第一，农村电网资金还贷政策。为了解决农村电网贷款资金的还本付息问题，《国家计委关于进一步做好城乡用电同价工作的有关问题的通知》（计价格［1999］1024号）规定，国家批复的一、二期农村电网建设与改造贷款的还本付息均通过在销售电价中加价（每度电2分钱）的形式解决。对于随后实施的中西部农村电网完善工程、无电地区农村电网建设工程，国家规定可以沿用农村电网还贷资金政策。

第二，财政投资转贷资金转资本金政策。中国一、二期农村电网建设与改造工程投资的资本金是由中央财政和地方财政共同承担，以贴息贷款的方式投入。为了支持西部地区农村电网发展，国家决定将西部地区部分中央财政和地方财政转贷资金改为拨款，有力地改善了电网企业的资金状况。

第三，农村电网低压维护管理费政策。历史上，中国农村低压电力资产是由国家资产、集体资产、用户资产组成，其发生的维护管理费用，均按照资产的权属关系，分别由供电企业、乡镇电管站、资产所有人承担。"两改一同价"后，农村集体电力资产无偿上划给供电企业，其农村电力人员大批进入电网企业。为了解决供电企业对低压电网资产的正常维护及人员工资，国家出台了政策，规定农村低压电网维护管理费从当地低压销售电价中收取。维护管理费由农村电能损耗、电工合理报酬和农村电网运行费用三部分构成，是维护农村电网正常运行、为农村地区提供供电服务的合理费用。

长期以来，农村电力等基础设施和农田水利基础设施主要是依靠农民和农村集体经济组织力量完成实施的，国家采取以补助为主的措施，这种观念和状况到了21世纪初期发生了根本性变化。2003年第十次全国人民代表大会之后，财政部党组第一次提出，要让公共财政的阳光照耀农村，这既是公共财政支持"三农"工作指导思想的重大转变，也是公共财政覆盖农村行动的肇始。2004年至今，中国政府连续出台一号文件，其鲜明主题是：缩小城乡差距，促进城乡经济社会一体化发展；扩大公共财政覆盖农村的范围，加强政府对农村公共服务的投入，着眼于从根本上改变城乡二元结构，逐步解决"三农"问题。2006年以来，中央"一号文件"中，农村基础设施建设问题被放在突出重要的位置，对发展农村电力事业提出了明确的方针。如2009年一号文件提出：扩大电网供电人口覆盖率，加快推进城乡同网同价；加大农村水电建设投入，扩大小水电代燃料建设规模；2010年一号文件要求抓紧实施新一轮农村电网改造升级工程。到此，可以看出，农村电力发展的政策目标已经上升到国家层面，与此对应的政策措施也成为农村政策的重要组成部分。

除国家层面的政策以外，中国政府还有针对性地提出了局部性农村电力发展政策。

2002年，中国政府针对部分西部省份农村用电的落后状况，启动了"送电到乡"工程，选定在西部7省（西藏、青海、新疆、四川、内蒙古、甘肃、陕西）建立720多座独立离网光伏电站。中央政府对不同省份的资金配套有所区别，西藏自治区为中央全额拨款，青海省为中央拨款80%、地方政府配套20%；其他省份如新疆、四川、内蒙古、甘肃、山西等为中央和地方政府各50%。中央拨款和地方配套资金额合计约18亿元。这项工程的实施大约解决了20万户约100万人的生活用电问题。

四、我国农村电力政策存在的问题
（一）体制的制约

由于农村电力体制长期得不到理顺，农村电力发展政策制定的主体和职责不清，导致对农村电力事权不清，宏观管理的严重滞后和政府职能的缺位。

在中央政府层面，尽管成立了国家能源局，其职能部门中没有设置农村电力方面的处室，国家经贸委撤销后一直没有明确的部门承接农村电力政策管理职能。在地方政府层面，一方面与中央层面相应，政府机构改革后对农村电力的行业职能明显弱化；另一方面，在农村电力企业上划、股份制改组以及建立代管趸售关系过程中，随着地方政府对农村电力企业经营管理职能的弱化，一些地方政府对农村电力的行业职能也同时退出。

由于宏观管理和产业组织管理方面的职责划分、事权不明，农村电力企业产权制度改革受到严重制约，农村电力企业发展缺乏后劲和活力，农村电力发展的政策制定和贯彻受到影响。长期以来，由于电力行业实行垂直领导，电网输配售电一体化经营，因此，地方政府的管电职能相对分散。目前，电力规划、投资、电价、营业区划分、资产管理分属国家发展改革委、工业与信息、价格、财政、国有资产、水利等多个部门，在很大程度上，缺乏协调合作。所以，在农村电力规划、电力设施保护等方面，由于缺乏权威协调和组织部门，管理职能严重缺位，导致如农村电力普遍服务、农村电力发展政策缺乏明确而又长远的规划。

农村电力作为国家能源系统的重要组成部分，具有明显的特殊性。农村供电区域一般为远离大城市和负荷中心的边远地区，这些地区人口密度低，居住分散，农村电力供应的特点是用户分散，消费量低，用户支付能力弱，负荷系数低，导致供电线路长，投资大；受气候影响大，供电质量相对较低，维护费用高。因此，农村电网建设费用过高，投资收益很低，很难获得建设资金，导致农村电气化的发展缓慢。由于上述特点，为保障农村电力供应，需要有特殊的政策和措施。

（二）政策缺乏前瞻性和整体的考虑

1998年后，国家实施了"两改一同价"工程，初步建立起依靠国家基本建设投入和电网企业投入的农村电力发展机制，但这一机制还很不完善，包括最近中央提出在全国范围内对农村电网进行第三次改造，农村电力投入仍然采取的是一种输血式、运动式的手段，缺乏长期、全面长远的政策考虑。

产生这种局面的主要原因是：农村电网与城市电网的分割，农村电力与农村经济的不协调，农村电力政策实际上没有纳入农村经济政策之中。

中国正处于工业化、城镇化快速发展中，随着农村经济发展，第二、第三产业向农村地区转移，以及广大农村居民生活水平提高，农村用电量增长迅速，增长空间巨大。1998～2007年，国家电网公司经营区域内农村用电量年均增长16.41%，快于全社会用电增长速度近5个百分点，部分地区更是以每年20%～30%的速度增长。中国一、二期农村电网改造的大多数供电设备已经出现重载、满载或超载运行问题，急需增容扩建。农村电网再次出现"卡脖子"现象。但国家尚没有明确新的农村电网投资政策，加上农村电网发展投融资机制没有建立，农村电网建设和发展没有稳定有效的资金来源。东部地区实力相对较强的农村电力企业，每年能够自筹资金解决所需资金，满足用电需求，但也存在资金缺口。而绝大部分中西部地区农村电力企业，农村电网发展滞后的问题则越来越严重，当前，西部地区农村电力企业经营普遍困难，依靠农村电力自身力量无法进行大规模农村电网建设改造，急需国家给予长期的政策支持和资金保障。其次，农村电网维护管理费收支不平衡。在农村电网维护管理费时，仅考虑了人员基本工资、农村电网运行维护费及部分电能损耗，随着时间的推移，农村电网实际运行维护费用也逐步上升。近年来，国家出台了有关政策，农村电力企业需要建立健全人员福利、养老保险等社会保障制度，因此，农村电力企业收取的农村电网维护管理费严重不足。

从国际经验看，政府对农村电力的政策支持包括：提供财政、技术及法律援助，制定农村电力发展规划，拟定农村电力运行和管理规范和提供培训等。政府的政策支持，能保障稳定的资金来源，确保农村电力建设的顺利进行；以农村电力为对象制定专门的政策与立法，形成相对独立的农村电力政策法律支持体系。现阶段，中国还没有制定有关农村电力发展的政策和立法，也没有国家层面的农村电力发展规划。

（三）政策制定和实施的不协调

2004年以后，农村电力发展政策和体制改革没有实质性进步。尽管在近五年中央一号文件对农村电力发展作出了明确指示，但由于体制改革的滞后，农村电力发展政策贯彻和实施缺乏全国统一权威的指挥和组织，其政策效果大打折扣。值得引起重视的是，国家电网公司和南方电网公司似乎承担起全国大多数农村地区电力发展和政策制定实施的主体。由于他们兼有经营和社会公用事业的特殊地位和性质，要求其站在国家政策制定者层面，处处做到以统筹城乡发展为指导显然既不公平，也不现实。

（四）普遍服务政策的滞后

在现代社会中，电力对于人们的生产、生活越来越重要。世界上大多数国家为了确保全体公民的基本权益，缩小贫富差距，一般由政府负责，通过制定法律和政策，以普遍可以接受的价格，满足全体公民基本生活用电需要，即实施电力普遍服务。电力普遍服务实质上是国家专门针对供电高成本地区和低收入人群，提供的一种特别服务。

农村电力是国家能源的重要组成部分，农村应该获得国家正常的电力普遍服务。由于长期以来形成的城乡分割导致的差别，制约了农村电力普遍服务。中国还有7亿多人口生活在农村，受经济和技术水平的限制，仍有多数农村地区依靠传统方式利用生物质能源，中国无电户通电的任务还比较艰巨。据国家电力监管委员会统计，截至2007年末，全国农村无电户超过100万户，主要分布在西部地区。目前，中国电力普遍服务的实现方式主要是以省级电力公司为责任主体和实施主体，在现行电价体系中，不同区域、不同业务、不同电压等级之间电价实行交叉补贴实现。中国农村电力普遍服务中存在的主要问题包括：主体不明确、普遍服务缺乏明确的目标、范围和法律依据；缺乏明确的资金来源和成本补偿机制。

五、我国农村电力政策的展望
（一）以人为本和社会公平

农村电力的发展，对于农村全面建设小康社会、加快推进农村现代化，具有重要意义。中国农村电力问题不仅是一个能源发展问题，也是能源公平问题，向农村持续提供高品位的电力和能源服务不仅是建设新农村的需要，更是农村居民的基本需求和基本权力。改革开放以来，中国农村电力政策经历了从解决农村居民生活用电、到保障电力可持续发展、再到提高减缓和适应气候变化能力的目标演进。农村电力的发展在中国能源发展大局和全面建设小康社会的背景下客观上要求相应的电力体制的改革和完善。

党的十七届三中全会提出要让农民享受改革成果，真正体现以人为本。电力是保障农民基本生活权益和享受现代文明的基础，人的全面发展离不开电力。农村电力兼有经营性、社会性、公共性特征，因此，农村电力的发展不仅关系到电力发展和农村经济发展，也关系到农村社会公平进步。

（二）政策的整体部署和统筹规划

农村电力发展的政策和思路应该按照建设社会主义新农村的整体部署，促进城乡关系由城乡分割的二元结构向城乡一体化转变。为此，首先需要把农村电力发展纳入新农村建设的总体规划，把农村电网发展纳入电网发展的整体规划，把农村电力体制改革纳入电力体制改革的总体规划，把农村电力政策纳入农村政策之中，统筹电力发展与改革，统筹农村基础设施政策。只有这样，才可能适应新形势的需要，保证农村电力可持续发展的目标得以实现。

其次，农村电力供应的趋势与技术发展及环境要求有关，与靠大电网延伸供电的方式不同，依靠分散式发电，利用可再生能源来实现对边远地区的电力供应，这种方式投资小，环境影响小，建设周期短，对技术和管理水平要求较低，是更为经济可行的发展方向，需要解决的是政策、资金、技术、管理和培训等问题。为了适应未来环境和发展形势，农村电力发展的政策还应该适当满足体现技术、管理和培训方面的基本要求。

（三）综合考虑体制、机制和政策的协调

农村电力发展及政策制定需要落实科学发展和协调统筹观念。农村电力改革发展及相关政策要兼顾国民经济发展与电力、中央与地方、农村电力改革与电力体制改革的关系，统筹城乡电力、统筹输配电发展。农村电力的发展要遵循协调和统筹原则，做到电力的发展与当地经济和生态自然环境相协调。政策措施更加注重农村电力改革与发展的持久性，更加重视调动各方面的积极性，通过体制、机制和政策的不断创新，适应统筹发展的大局，适应社会主义新农村的发展。为此，建议，在国家能源发展委员会内部设立全国性的农村电力发展委员会，加强组织指挥和协调，制定农村电力发展政策、推动农村电力管理体制改革。

第二章 农电发展属性及国内外实践总结

第一节 农电经济技术属性

一、农电属性分析

农电属性是电力属性和准公共物品、公用事业、普遍服务、政策属性等多重属性的综合。

（一）农电的准公共物品属性

农网是典型的网络基础设施，初期投资巨大，但随着用户接入熟练的增长，在特定的地域范围内，提供服务或用户接入的边际成本趋向于零，因此，具有一定的非竞争性。但是，农电与其他产品类似，在消费则具有一定的排他性，任何用户的电力消费都会减少其他用户的潜在消费量。同时，供电企业也可以比较清晰地测度用户的消费量，进而根据消费情况采用歧视性定价策略，如设立阶梯电价或分档电价，因此，农电具有效用的可分割性，在公共物品集合中处于下图中A点的位置。农电服务具有非竞争性等特征，但是它并不具有一般公共物品的非排他性、效用不可分性等特征，因此，属于典型的准公共物品。

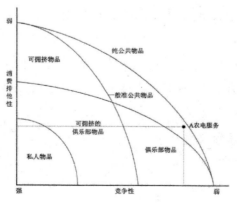

图2-1 公共物品的类型及农电的定位

（二）农电的公用事业属性

农村电网是县域供电的基础设施，属于典型的公共事业，一般具有以下特征：一是农电具有典型的网络型特征。农网是电网的一部分，属于电力网络型基础产业，具有电力网络型基础产业的性质。农网具有网络经济性，接入农网的周户和供电方越多，电网运营的成本效率越高。二是公益性。电力产品和服务是社会生产和人民生活的基本品和必需品，是社会稳定和发展的基础，具有较强的公益性和较高的正外部性。农电将电力提供到经济社会的各个角落，是农村经济社会发展的血脉。

（三）农电的普遍服务属性

农电的普遍服务属性主要表现两点：一是农电服务的普遍性。为农村地区提供电力服务是政府非常重要的政策目标。当前电力服务已经深入到所有社会群体和地理区域，而且电力供给具有非常强的不可替代性。二是提供服务的强制性。国办发[2002]5号文件正式对电力普遍服务工作提出明确要求，其要义是国家通过制定相应的政策措施，使所有用户都能在合理可接受的价格范围内，得到持续可靠的基本供电服务。世界各国大多将电力普遍服务的总体目标定义为提供价格合理的可靠电能，满足那些用不上电或用不起电的公民的用电需求。

（四）农电的产业特殊性

农电主要服务的是农村地区用户及产业。由于我国农村经济发展的特殊性，农电也具有农村经济发展的产业特殊性。一是农村地区主要为第一产业，用电量增长慢，且地域面积较大，农网点多、线长、面广，经济效益较差。二是农村用电季节性比较强，峰谷差较大。用电高峰一般集中在农忙和春节期间，平时用电量较小，不利于农网设备的有效利用。三是农村电力具有不可能替代性，政策性比较强。农村发展一直被我国上升为十分重要的战略发展的位置，作为农村经济发展的重要动力支撑，农村供电服务一直受到国家的高度重视和社会关注。

（五）农电的综合属性

综合来看，农电具有一般公共物品、公用事业及普遍服务的基本属性。但它们之间又有联系与区别。

从大类上看，农电是与公共交通、供水、邮政服务等类似的一类特殊的产品与服务，即是一种准公共物品和公用事业产品，同时也是政策强制实施的一种普遍服务。

同时农电还具有瞬时平衡性、不宜存储性等电力产品的物理特性，因此，更具有复杂性。综合来看，农电属性是电力物理属性与其他经济社会属性的综合，在不同历史发展阶段，这些属性也随着经济社会条件、技术条件等不同，其要求也会发生变化。

二、农电属性对农电发展的要求

（一）农电的公共物品、公用事业、普遍服务决定了农电的非营利经营特征且需要政策支持

农电的准公共物品、公用事业、普遍服务等经济技术属性决定了其是一个典型的市场失灵领域。农电的准公共物品属性决定现阶段农电的提供者必须是政府或政府严格监管的企业。农网的公用事业属性（网络型基础产业等）决定农电企业应在当地实施自然垄断经营。农电的普遍服务属性决定农电必须为贫困落后地区和弱势群体提供优质、可负担的电力产品和服务。农村供电所作为农电管理的具体实施机构，要兼顾社会效益，实现整体效益的最大化，促进社会整体福利的提高。

（二）由大电网统筹协调农电发展符合我国农村经济社会发展阶段和现实需求

我国现阶段的基本国情是地域范围广，城市与农村、不同的地区之间都不同程度存在经济社会发展不平衡，农村电网的建设状况和市场程度有很大差异，农电管理水平尤其是农村供电所的管理水平也有很大差距。无论是东西部之间还是同一省份不同县域之间，供电企业的电网规模和经营效益存在很大差距。同时，相对于城市供电企业，农电企业供电区域较大，人口密度较小，户均用电量少，供电线路较长、线损偏大，农村单位供电成本远高于城市供电成本。而农村人口对电价承受能力却很弱，在不能大幅提高农村销售电价的前提下，只能依靠城市地区电价收入来补贴农村，实现以工补农。1998年国家实施"两改一同价"政策，将农村供电所纳入县供电企业的统一管理，实现了在县级层面的统筹管理。未来我国农电发展应坚持在国家政策

支持下由大型电网企业统筹管理协调各类农电企业发展，对电网规划、施工、检修、电网调度、销售、分配、供电服务等农电业务实施统一经营与管理，为农村用户提供安全、稳定、优质、低价的电力服务。

（三）完善农村供电所科学管理是农电运营管理机制健康运转的微观基础

农村供电所是农电发展的基础末梢。实现农村供电所业务科学管理是农电运营管理机制健康运转的微观基础，是面对新的市场环境，优化营销管理、安全管理、技术管理等基础性工作，开拓农村电力市场，实现增供扩销的重要基础。未来实行专业化是农电也是农村供电所发展的趋势，是有效提高效率，促进发展的重要举措。

第二节　国外农村供电机构实践经验总结

一、部分国家农电管理实践

关于农村供电模式的相关研究，国外也有学者做了一些探索，如Oparaku研究了尼日利亚农村区域的电力供给模式，Muttaqi与Ledwich研究了农村消费者的电力供应改善策略，Singh等以光伏燃料电池技术可行性为例，研究了印度农村绿色电力供应模式，Harish等研究了印度农村供电成本问题，等等。而在实践中，为促进农电发展，世界大多数国家都制订了一系列特殊的农电发展政策，并取得了较为明显的成效，其做法在一定意义上可供我们参考借鉴。

美国采取的主要措施是成立了农村电气化管理局REA，归美国农业部管理，先后向农电合作社提供了数百亿美元，长达15～50年的贷款。

法国采取的主要措施是在筹资渠道固定上体现政策扶持，各管理机构都有自己的任务和集资比例。法国电力公司的投资占农业部农村电力建设总投资的20%，法国农村电气化特别基金会投资占32%，当地税务部门提供占总投资15%的资金，当地农民用户集资占投资的15%。

巴西采取的主要措施是建立长期稳定的农村电气化发展基金。国家要求每年从配电公司销售收入中拿出3%集中使用，以贴息、无息贷款或拨款的方式用于农村的供电设施建设，还贷年限达到35年。

澳大利亚采取的主要措施是对农村电气化实行保护性福利政策，对于高昂的农村低压供电成本则采取城市补贴农村来实现。

（一）美国农电

为加快建设本国的农村电网，美国通过提供优惠政策促进农电合作社发展。一是允许农电合作社享有对政府所属电厂的电力优先购买权，在电价方面给予特惠权，即政府所属电厂的电价较普通商业性电价要便宜。二是通过贷款优惠政策支持农电发展。政府向农电合作社提供长期低息贷款，保证农电发展的建设所需资金。从1936年开始的几十年发展过程中，美国政府先后向农电合作社提供了年利息仅为2%的数百亿美元，且贷款期限为15～50年。这些贷款为农电合作社投资发展农村电网提供了重要资金支持。直到1979年，在美国经济萧条、通货膨胀等因素影响下，贷款利率才提高到5%。

（二）法国农电

法国在农村电力建设资金的筹集方面给予更多的农电政策支持。相关管理机构在资金筹集渠道上基本固定，都有自己的任务和集资比例。其中国家农业部对农村电力建设的投资，被列入法国国民经济发展计划，属于国家投资计划的一部分；法国电力公司的投资比例达到农村电力建设总投资的20%，法国农村电气化特别基金会投资占32%，这部分资金是由法国电力公司按一定比例通过电费提取；当地税务部门为支持农村电网发展提供了总投资15%的资金；另外，当地农民用户的集资比例也占投资的15%。

（三）巴西农电

巴西通过建立长期稳定的农村电气化发展基金来推行农电发展。全国配电公司销售收入3%由国家统一支配使用，专门用于农村电网设施建设，资金使用方式是贴息、无息贷款或拨款，还贷期限长达35年。从1999年起，巴西开展了光明工程，对偏远无电农村投资15亿美元加快农村电网建设。实施交叉补贴政策，城市居民电价高于农村电价50%左右。同时，设立了专门的电价调节基金，目的是经营性亏损的配电公司由盈利相对较好的配电公司进行交叉补贴。

（四）澳大利亚农电

澳大利亚通过保护性福利政策支持农村电气化。制定专门的法律，给予所有农电用户普遍用电的权利，不论农村离电网距离有多远，且电价相同。通过交叉补贴方式，即城市补贴农村的方式，摊销高昂的农村低压供电成本，同时也保证了为农村用户提供电力的配电公司利益不受损害。各配电公司以银行贷款方式推动农村电力设施建设，后期允许该配电企业通过电费收入方式还贷。

二、经验总结

通过对美国、法国、日本等世界各发达国家农村电力发展的实践总结，可以发现这些国家在推动农村电力发展方面均有相似的办法和措施。

（一）大部分国家成立专门的农电统一管理机构

鉴于农村电力公用事业属性，为了能够促进农电发展，统一管理农网建设，大部分国家都成立了专门的农电管理机构。有些国家是由政府成立相关农电管理机构，如美国（成立了农村电气化管理局归口美国农业部的一个独立主管部门）、巴西（农村电气化项目统一由矿产能源部管理）；有些国家采取政府授权电力公司负责农村电力的发展建设，如法国（负责农村电力设施的建设、更新、改造以及用电管理）、日本（在九家电力公司内部设配电部，负责配电网的管理）。

（二）各国都通过制定长期稳定的政策扶持本国农电发展

尽管情况不尽相同，但各个国家都从法律上或者制度上制定了相应政策，支持本国农村电网建设，才使农电得到了持续快速发展。例如法国、巴西等国制定的一系列长期扶持政策；澳大利亚实行的农村电气化保护性福利政策；日本实行的对农网工程建设提供贷款，对农民生活及生产用电实行优惠电价等优惠扶持政策等。都保证了农村电网发展的长期稳定性。

（三）对农网建设实行长期低息贷款扶持

借鉴农电发展状况较好的国家得出的经验，考虑到农电的公益属性，各国政府对农电的支持并没有局限在推行农村电气化的初级阶段，而是在其后的各个发展阶段都起着重要作用。如美国，即便农村电气化已经基本完成，政府依然对农电发展给予比较优惠的支持政策，包括继续提供长达50年的低息贷款等财政支持。巴西同样以贴息、无息贷款或拨款的方式大力支持农村的供电设施建设，还贷年限达到35年。

（四）建立农网发展基金

有些国家除了采取长期低息贷款扶持农电发展之外，还成立农网发展基金，专门为农网建设筹措资金。如法国成立的农电力建设基金，固定的资金筹集渠道、各自的管理机构以及一定比例集资额度。巴西建立了农村电气化发展基金，配电公司从销售收入中按照一定比例集中抽取缴纳，以贴息、无息贷款或拨款的方式用于农村的供电设施建设，还贷年限达到35年。

（五）统一农网的设计及建设标准

为了加快农村电网的快速发展，部分国家还统一了农网的建设标准。如美国已经完成了全国农电从设计到设备的标准化工作，为农电的运行、检修、管理提供了极大的方便，也有利于保证设备质量。

三、国内公用事业实践经验总结

农电与供水、公交等公用事业具有类似的特点，因此供水和公交等公用事业的改革发展经验，对我国农电发展有一定的参考价值。从供水和公交发展的经验来看，公用事业的发展一定要遵循公用事业、公共物品以及普遍服务的相关理论，同时要适合我国国情，符合我国目前所处的发展阶段。

（一）政府扶持是公用事业发展的基本经验

由于公用事业本身公益性的属性，从我国公交和供水的发展经验来看，公用事业的发展离不开国家政策的支持。如供水事业，政府将保证农村居民供水的任务纳入到我国社会发展和经济建设五年计划之中，通过加大政府财政资金投入，制定相关制度准则，编制技术规范等，科学转变供水方式，全面推进农村集中式供水的发展，取得良好成效。在公交发展快速的地方，如北京，公交改革最大的亮点在于推行廉价公交，北京市政府明确公交的公益属性，让更多的人在出行时选择公交。从现行的实施效果看，北京公交服务质量优良，广大市民享受到了改革的实惠。从这可以看出，公用事业的发展离不开国家政策的大力支持。

（二）公用事业发展需要加大政府公共财政投入力度

公用事业往往都涉及基础设施，属于典型的公共事业。这一属性决定了提供公用事业服务的单位，必须是政府或接受政府监管的公共事业企业。从供水和公交发展经验来看，虽然也采取了引入社会资本多元化投资模式，但是改革成功案例的较少，反倒是在政府公共财政支持下的改革模式发展要好于市场化的模式，如北京、上海公交改革。这主要是社会资本是以利润最大化作为其投资和经营的内驱力，对社会资本而言，一方面公用事业投资需求大，很可能没有投资能力；另一方面如果不提高公共品价格，即使有能力也必将缺乏投资的动力。

（三）公用事业发展需要有效借助国有企业的资金、技术和管理优势

国有企业特别是大型国有企业具有明显的技术优势和管理优势，可以很好地承担并履行社会责任，同时提供相应的普遍服务，因此，国有企业在公用事业发展上具有较大的优势，政府应采取相应的政策和措施，鼓励国有企业积极参与农村公用事业发展，最大限度发挥技术优势和管理优势。从我国供水发展来看，与城市供水相比，农村由于交通状况不佳，供水管理分散，供水服务比较切实可行的办法是借助当地劳动力满足服务的普遍性要求，但涉及取水、净水、管道维护及水表计量等方面比较重要的供水服务，因技术性和专业性较强，就要发挥国有供水企业在技术和管理方面的优势，对农村劳动力进行供水原理和实际工作流程及规范等方面进行专门培训，使尽可能多的农村劳动力能够胜任农村供水服务的要求，增强农村供水发展的后劲。同样，从目前的公交改革成效来看，回归公交企业的国有企业属性，充分发挥国有企业优势地位，可以满足人们的低碳环保节约的出行目的，也是公交改革成功地区的共同特征。

第三章　农村电力网

第一节　农村电力负荷特点及负荷预测

一、农村电力负荷特点

农村电力负荷一般分为：村民生活用电、村动力用电和乡镇企业用电等，季节性负荷主要是灌溉用电。

（一）村民生活用电

生活用电可分为照明负荷和家用电器负荷。照明电器主要是白炽灯（功率因数是1.0）和日光灯（功率因数小于0.6）。家用电器主要有电冰箱、电视机、洗衣机、录音机等，功率因数在0.5~0.8之间。一般地，在一天之内冰箱负荷比较均匀，电视负荷晚上比白天大，照明负荷出现在清晨和晚上。

生活用电负荷的一般规律是在一天之内出现早、晚两个高峰，峰值及其出现的时间随季节变化。夏季日照时间长，早高峰不明显，晚高峰出现的时间较晚，持续时间也短，冬季则不然，早、晚高峰的峰值大，持续时间也长。当照明负荷增大时，功率因数随之增大。

（二）村动力用电

村用动力负荷的类型主要有农副加工、畜牧业、村办或个体小工厂。由于村用动力负荷对应于非专门性小规模的工业生产，在夜里负荷很小，白天负荷随机性较大。例如，有生产任务或农闲时，负荷大些。用电设备绝大多数是感应电动机。电机的型号不同，负荷大小不同，功率因数是不一样的。如感应电动机在不同负荷下的功率因数取值范围不同，负荷率大，功率因数高。当电机满载时，功率因数在0.85左右，空载时，功率因数在0.2以下。村动力用电负荷的功率因数随负荷的增大而增加。

（三）乡镇企业用电

近年来，乡镇企业的发展迅速，虽然对于不同类型的企业，用电负荷特性各异，但存在着共性。其用电设备也多以感应电动机为主。

二、农村电力负荷预测

负荷预测是从已知的用电需求出发，考虑政治、经济、气候等相关因素，对未来的用电需求做出的预测。负荷预测包括两方面的含义：对未来需求量（功率）的预测和未来用电能量的预测。其目的是提供负荷发展状况及水平，同时确定各供电区、各规划年供用电量、供用电最大负荷和规划地区总的负荷水平，确定各规划年用电负荷构成。

（一）电力负荷预测的影响因素

1.气候变化或自然灾害

随着空调的普及，气候变化对负荷的影响愈来愈显著，生活用电比例呈逐年增加的趋势。严重的自然灾害如洪涝、大旱、雪灾等，也会造成电力负荷的大幅度波动。

2.国家政策、宏观产业结构调整

国家政策的变化与宏观产业结构调整必然会引起电力需求的相应变化，如基建项目实行"宏观调控"，直接"刺激"或"抑制"国民经济的发展和耗电大产业的用电，造成电力负荷的波动。

3.能源市场经济变化

电力市场是能源市场的一部分。用户消费能源的种类和数量与能源的价格、易用性等也有关系。在一定条件下，用户选择电力消费和其他能源消费的比重可能会发生变化，有时甚至会完全发生逆转。

4.过高估计经济发展速度或虚报负荷

有的地区过高估计工业发展的速度，提供的数据与实际情况相距甚远；或在作系统规划设计时，片面理解"电力要适当超前发展"，向上虚报负荷增长率。其直接结果可能造成负荷预测值较多地偏离实际运行数值，导致系统短期内出现较大幅度的变化，影响电力系统的安全和经济运行。

5.预测方法本身对预测结果的影响

各种预测方法有其各自的优点，不足以及适用范围，有的适用于短期预测，有的适用于长期预测。而短长期负荷预测方法又有定性预测和定量预测之分。如果不加分析，不分场合地使用，必然会导致预测结果出现较大的偏差。

（二）农村电力系统负荷预测的基本步骤

1.资料收集

在电力负荷预测之前，需要调查和收集多方面的数据和资料，包括电力企业内部和外部资料，国民经济有关部门的资料，以及公开和未公开发表的资料。然后从众多的资料中遴选出最新的、可靠的和有用的部分。

2.资料整理与数据预处理

电力系统负荷建模需要大量的历史观测数据，但在现实中，无论是从监测监控及数据采集系统得到的历史负荷数据，还是从气象台得到的气象数据都不可避免地存在一些问题。这些不能真实反映历史电力负荷的数据对于建立能够准确反映相关因素和负荷之间关系的模型有着较大的影响，因此必须在建模前进行数据的预处理。

3.预测方法的选取

一般应注意：一是按照"重近轻远"的原则选择预测模型，即尽可能使近期预测值真实可靠，误差小；二是可同时采用多种预测模型进行运算，以便对比和选择。

4.确定预测结果

由预测模型运算得到的预测值或利用其他方法得到的预测值，只是初步预测结果，还要参照当前已经出现的各种可能性，以及新的趋势与发展进行定性分析、比较、判断、推理和评价，对初步预测值进行调整和修正，以形成最终预测结果。

（三）常用的电力负荷预测方法

1.比例系数法

根据历史数据和未来发展趋势，按照一定比例作出预测，其计算公式是：。此法的关键是确定预测期年均增长率，特点是易于计算，适用于短期负荷预测，需做大量细致的调研工作。

2.负荷密度法

依据预测地区的人口或土地面积数；R为平均每人或每平方面积的需电

量,统称负荷密度。

3.专家预测法

分为专家会议法和专家小组法。专家会议法通过召集专家开会,面对面的讨论问题,每个专家能充分发表意见,并听取其他专家的意见。专家小组法专家不通过会议形式,而是通过书面形式独立发表个人意见,专家之间相互保密经过多次反复,给专家以重新考虑并修改原先意见的机会,最后综合出预测结果。

4.神经网络法

神经网络是由大量的简单神经元组成的非线性系统,每个神经元的结构和功能都比较简单,而大量神经元组合产生的系统行为却非常复杂。神经网络法利用人工神经网络选取过去一段时间的负荷作为训练样本,然后构造适合的网络结构。用某种训练算法对网络进行训练,使其满足精度要求之后,再用神经网络作负荷预测。一般而言,神经网络应用于短期负荷预测要比应用于中长期负荷预测更为适宜。

5.模糊预测法

是建立在模糊数学理论上的一种负荷预测新技术。将模糊测法引入的原因是电力系统中存在着大量的模糊信息。常规处理模糊信息的方法采用统计和经验相结合,这给负荷预测引入了不科学的因素,并且与自动化要求相矛盾。

6.小波分析预测法

小波分析作为数学学科的一个分支吸取了现代分析中众多分支的精华并包罗了它们的特点。其实质是一种时域频域分析法,它在时域和频域上同时具有良好的局部化性质,并且能根据信号频率高低自动调节采样的疏密,容易捕捉和分析微弱信号以及信号,图像的任意细小部分。电力系统中日负荷曲线具有特殊的周期性,可以对其进行小波变换,进行处理后再重组回原负荷序列。

7.时间序列法

根据负荷的历史资料,设法建立一个数学模型,用这个数学模型一方面来描述电力负荷这个随机变量变化过程的统计规律性;另一方面在该数学模量的基础上再确立负荷预测的数学表达式,对未来的负荷进行预测。时间序列法主要有自回归AR（p），滑动平均MA（q）和自回归与滑动平均ARMA（p，q）等。

8.灰色模型法

灰色预测是一种对含有不确定因素的系统进行预测的方法。以灰色系统理论为基础的灰色预测技术，可在数据不多的情况下找出某个时期内起作用的规律，建立负荷预测的模型。分为普通灰色系统模型和最优化灰色模型两种。灰色模型法适用于短期负荷预测。

9.德尔菲法

根据有专门知识的人的直接经验，对研究的问题进行判断、预测的一种方法．也称专家调查法。德尔菲法具有反馈性、匿名性和统计性的特点。

负荷预测是电力系统调度，实时控制、运行计划和发展规划的前提，是一个电网调度部门和规划部门须具有的基本信息。准确合理预测农村电力系统负荷、编制好农村电网发展规划，是实现农村电气化事业持续健康发展。实现农村，电网安全、优质、高效、低耗运营以及实现社会效益、环境效益、企业效益协调发展的有力保证。

第二节　农村电网规划

一、农村电网规划的现状

（一）农村电网规划的基本要求和规划原则

1.农村电网规划的基本要求

农村电网规划的目标，是能够通过优化农网的网络架构，来满足农村地区用户的正常用电。如应满足以下基本要求：电源点容量充裕、系统运行灵活、供电可靠性满足用户生产生活要求等。

2.农村电网规划原则

农村电网规划，要按照相关标准与要求，具体包括电网现状分析、总体规划、电力与电量的平衡等。开展农网规划，要统筹兼顾，以市场为导向，坚持安全规划原则，做好技术改造和新型电网相互结合。同时坚持以人为本的原则，以服务用户为准，为电力用户，提供优质的电力服务。

（二）农村配电网规划存在的问题

我国农村电力设施建设年代久远，缺乏规划、技术标准偏低、设备落后、线路老化、电能损耗严重偏高、供电可靠性低、电力体制管理责任不清、运行设备运维责任划分模糊、农村运维管理人员较多、经营成本过高，制约了农村经济的发展。近几年来，随着国家对农村电网大规模的建设、投资与改造，农村电网在各个方面取得了显著成效，但与此同时，农村地区用户对电力供应的需求和对电能质量的要求是在不断提高的，农村电网中越来越多的问题暴露出来，主要表现在以下几个方面。

1.配电网现状分析不全面

大部分地区对农村配电网的分析不够深入，存在基本概念混淆、基础数据不准确不全面、历史数据缺失且前后不对应等问题，不能切合实际地反映出配电网存在的问题。另外，目前对农村配电网的现状分析也大部分停留在比较表面的阶段，不能针对问题深入分析背后的原因，从而不能准确地反映出电网的薄弱环节，容易造成配网重复建设、电源支撑点少等问题。

2.电力需求预测准确度不高

在进行电力需求预测过程中，由于客观条件限制、人员知识水平缺乏、历史数据缺失、预测方法存在误差等多方面问题，容易导致负荷预测结果偏差较大。电力系统中对负荷进行预测时，有多种预测方法。如不能根据实际情况进行详细准确的论述分析，而是简单地判断选择，将造成电源线路路径不合理、电源点分布分散等问题。

3.资金分析简单

现在实际工程中，会经常发生实际费用超出预算的现象，这其中掺杂着各种因素的影响，由于投资估算是工程造价的基础，所以实际上这种现象是由于投资估算引起的。因此对实际情况的考虑不充分，会导致投资估算与实际工程造价有比较大的偏差。同时，由于缺乏对规划后的配电网架构全面、合理、深入、科学的详细计算分析，使得无法对一些关键性的指标进行规划前后比对，如供电可靠性、年平均停电时间、线损合格率、采集成功率等。这就造成了电力投资缺乏科学、可靠、可信的依据。

4.不能适应新农村建设的要求

目前，在农村配电网规划系统中，基本不涉及村级的低压配电网规划，尤其是有着不同功能定位的低压网系统。例如关于低压配电网建设的规划，仅涉及乡镇及年度的配电网建设线路汇总表，并没有针对村一级电网的分析，更没有针对该县新农村工作建设规划提出相适应的电网规划内容。

二、农村电网规划要点

（一）科学规划变电站

我国农村电网的供电方式主要有110/35/10kV、110/10kV、110/35kV以及在江苏等地区的110/20kV供电模式。110/35/10kV供电方式多一级电压，所以电能在传输途中损失较大；110/10kV供电方式供电半径短、建设投资较大；110/35kV供电方式供电半径较大，但配电设备费用高；110/20kV供电方式供电半径较长，在一定条件下投资较少。因为不同的农村发展情况不同、地区差异较大、人口和农村规模不同、产业结构不同等，所以自然村电网建设要根据实际情况进行规划，将各农村进行分类建设，不同类型的农村采取不同的电网建设方法。同时要重视10kV和220kV电网，110kV和35kV的电网建设要结合上级的电网进行全面考虑。

开展农村电网规划建设，需要科学规划变电站，合理提升电网运行电压水平，不断降低输电损耗，完成变电站增容工作，将原有的35kV变电站，改换为110kV变电站，以220kV电网为主电源，做好和110kV的电力负荷点相互配合，增加电网的电压值，全面提升电压等级，以提升输送电能力，降低输电损耗。

（二）合理预测负荷

对于农网规划建设，采取原有的负荷预测法，已经难以满足农电建设需求，因此需要更改预测法，选择灰色系统理论，利用现有的信息，借助微分方程，求解未知量，合理预测负荷，以便于保证运算的准确性。考虑到农村地区用电需求不断增加，为了准确预测电力负荷，利用灰色预测法，结合运用年均递增率法，按照年均国民生产总值递增率，能够求得当年的均值，保证预测的精准性。

配电网的容载比，是指配电网全部运行设备的额定容量与平均最高有功功率之比。容载比可以作为重要评价指标来衡量电网运行的可靠性与合理性。容载比的取值将会影响到电网的供电可靠性和运行经济性，所以合理确定容载比至关重要。

（三）合理选线

基于电力负荷预测结果，借助3D实景技术，科学选择配电线路，实现配电站和网络的科学接轨，在选点时，要坚持近公路原则，避免线路迂回。农村电网规划，需要按照新农村建设的相关规范，预留建设空间，为输电线路，提供专用通道，同时为实现多条线路架设，要保证预留用地的范围，避免三线混架。在选点前，需要做好综合分析，合理规划，避开农田地区，选择主干道，避免造成资源浪费，以确保变电站建设的效益。对于输电导线的选择，要使用绝缘导线，发挥其绝缘线强与损耗小等优势，减少外力损坏，确保供电的质量与效率。需要注意的是，要基于导线和电流的关系，来选择绝缘导线，要注重衡量横截面积，通常横截面越大，则电能损耗就越低。基于区域饱和负荷值，来选择绝缘导线，通常农网主干输电导线横截面积设计在100mm2左右，分支输电导线设计在60mm2左右。

（四）电网供电的N-1准则

在进行农村电网规划时，一定要考虑到N-1准则，以保证供电的可靠性以及符合要求的电能质量。所谓N-1准则，是指在正常运行方式下，电网中任意一元件因故障或检修停运，应不影响电网的稳定运行。

第三节　农村电网建设

一、农村地区电网建设存在的问题

新农村建设使我国农村地区的发展出现了天翻地覆的变化，使农村经济得到了大幅度的提升。但农村电网建设方面仍然存在许多问题，主要体现在以下几个方面：

（一）农村地区电网建设缺乏长远规划

农村地区的经济快速发展提高了农村地区对电量的需求，原有的农村电网建设已经跟不上农村经济的发展脚步，逐渐暴露出农村电网规划的不合理性。比如供电线路导线输电量超负荷、供电导线布局杂乱、缺乏供电支撑点等问题这种现象对农村的发展造成了限制。从长远角度来看，要考虑现阶段农村的经济发展速度和未来农村住宅地基扩建对电网规划增量的需求。

（二）农村地区供电设备落后

电力设备落后一直是影响我国电力事业发展的主要影响因素。在广大农村地区，随处可见简易户外供电站，多数供电站的变电器都存在着老化、故障等现象。由于供电设备得不到及时更换，导致设备性能变差，电力的消耗变高。另外，供电箱体外部及接户线因自然气候的影响而出现被腐蚀的现象，这种现象必须进行及时改造更换，否则不仅会对农村供电造成影响，并且很有可能引发安全事故，对村民生命财产安全造成威胁。

（三）农村电网建设资金投入不足

城市电网不同于农村，大多数城市供电站都以住户集中供电为主要形式，供电范围小，但电量运行质量高，供电成本较小。而在我国农村地区，住房围绕村部中心分布，供电半径很大，几公里到数十几公里不等，越是偏远的山区，这类情况就越严重，对农村电力的资金投入要远远高于对城市电力的资金投入。另外，由于农村地区配电器分布数量较少，导致供电器的电力需要长时间的运输才能送达住户，长时间的电力运输会对电力资源造成高度浪费，在农村地区电量损耗的同时，对供电质量产生了极大的影响。

（四）缺乏专业管理人员

在农村地区电网建设中，对于工作人员的专业性有着较高的要求。设备维修更换过程中，工作人员对工程现场环境的熟悉程度，事关监督管理人员能否对症下药。另外，在对供电站进行施工前，应该对施工现场的周围环境及气候特点做好详细记录，并对可能会发生的意外做好对应的防御措施。在农村地区电网建设工程中，若没有安排相关专业的监督管理人员对工程进行监控，就会导致工程中出现的复杂情况不能得到及时解决，这会对电力建设的施工安全造成严重的影响。

（五）安全质量检查不过关

在任何工程中，对工程安全质量进行全面检查都是一项必不可少的环节。在我国农村地区电力建设工程中，对现场工程安全监督质量的检查力度还不够，对安全监督质量的检查意识薄弱。所有工程都必须根据相关规范制度对工程安全质量进行严格监督检查，确保工程的安全质量得到有效提高。

但在多数农村地区，对安全监督意识的宣传工作不到位，忽视了安全质量检测工作的重要性，导致相关工作人员缺乏安全意识，使工程埋下安全隐患。

二、农村地区电网的建设

（一）基于农村的经济发展现状，超前统一建设

在现阶段我国新农村经济发展过程中，农村住户对电力的需求量逐渐增加。完善农村配电网供电的可靠性，农村地区配电网建设应针对农村的经济发展现状，制定超前的统一规划和建设，并以此来保证农村未来经济发展对电力的要求，从而提升配电网对农村居民的供电可靠性。目前，农村地区的配电网建设体系发展状况良好，但人口的急剧增加、居住建筑的疯狂扩建，使电网的配电线路和供电支线逐渐形成复杂化的现象。供电企业地方单位在实施农村地区配电网工程建设时，应对配电线路进行统一规划整理，从而为配电线路的运行安全性提供保障，并有效增加对电力的管理效率。

农村电网升级改造建设内容较多，为了确保改造升级的质量，需要加强施工质量的把控。在农村电网规划建设过程中，必须要严格遵循国家相关规范，开展电网工程设计与施工验收等，加强对建设要点的把控，比如电网线路供电半径，电网400V的供电线路长度要＜0.5km，对于供电半径较长的区域，则需要多设置几个变电所，以便能够缩短供电半径，确保供电的可靠性。对于施工质量的把控，需要做好施工监督与管理，从设备、材料、人员等方面入手，加强质量把控，确保电网建设的安全性与质量，进而确保电力企业的效益。

（二）根据配电网负荷人数分配设备、合理设置变压器

随着大量的用电设备进入农村地区，居民在使用新型电器的同时，对配电网的供电稳定性也提出了更高的要求。但目前新农村的供电设备是由原居民地区来进行分配，导致配电网负荷人数不合理的状况出现。要想有效改善此状况，供电管理单位在农村电网工程建设过程中，必须全面考虑用电住户的数量，针对数量进行合理的供电设备分配，从而保证供电设备发挥最佳效用，还能有效降低设备发生故障的可能性。

农网建设时，合理设置变压器，对确保电网运行可靠性，有着积极的作用。对于变压器的位置选择，需要分析农村现有电网的符合，考虑到电力负荷发展趋势，将变压器设置在负荷中心部位。基于供电半径区域范围，按

照短半径原则，密集布点，小容量布点。总的来说，变压器的安装，需要选择地势略高，而且非居民聚居区域，保证线路进出方便，以便于线路运维管理。对于变压器容量的选择，至少要保障电力发展5年的需求，保证变压器的可扩展性。对于农网中的高能耗变压器设备，要做好设备更换，选择节能型设备。除此之外，还需要合理调整变压器负荷，做到接线简单，保障设备运行的安全性与可靠性。

（三）做好保护措施

1.防风防雷

我国配电网建设工程中，由于地理位置的环境特点，会导致供电站受到暴雨和台风等多种恶劣气候的影响，造成供电设备受损害。为了防止因为气候影响而造成设备损坏的情况发生，供电单位在进行农村地区配电网工程建设时，必须对新建立起来的配电线路安装防风装置，有效减少台风天气对配电线路造成的损害。在安装防风装置的同时，也应该对配电网线路安装避雷装置，以此降低雷电对配电线路造成的伤害。

2.安装补偿装置

从电网降损角度来说，通过安装补偿装置的方式，来优化无功，能够有效地降低电网损耗。开展农网升级改造，采用无功优化方案，通过分级补偿或者就地平衡等方式，按照台区划分，从电网末端开始进行无功负荷补偿，重点针对变压器与电动机设备。

3.更换能源消耗量大的设备

及时替换能源消耗较大的设备，做好农网电压变化监测，设置电压监测表，做好电压合格率分析，对于不合格的部分，需要做好改造升级。

（四）加强配电网运行的检查维护

在对农村地区电网建设过程中，电力工作人员除了对配电硬件进行安装检修工作以外，还应在规定期限内对配电网的运行状态进行全面检查。考虑农村地区极易发生山火的情况，定期对农村地区的配电线路加强巡视，并为农村居民普及火灾方法知识，从而提升农村地区的电网运行安全。

（五）提高对农村地区电网建设的重视程度

当前农村地区配电网缺少有效科学的指导和资金的投入，与城市配电主网、城市经济发展相比，农村电网规划工作还处于比较落后的阶段，不能满足国家对新农村建设发展的要求。要实现对农村地区电网规划工作的加强，就必须提高对其的重视程度，在农村地区电网建设改善工程中，统筹所有相关单位做好规划工作和资金投入，确保农村经济效益得到保障，在最大程度上减少资源浪费。

三、农网建设中的降损措施

（一）提升负荷中心的电压等级

在城乡电网负荷中心区主要使用220kV和110kV等级电压，从而通过提高电压等级的方式，来达到降低线路损耗的目的。

（二）经济规划配电网的电压等级

在城乡电网改造工程中应争取做到：从500kV到380/220kV之间应尽可能减少电压等级的过渡，比如高压配电电压中，在110kV或35kV之间选择一种作为发展方向，从而达到减少电压等级、实现电网经济发展的目标。

（三）提高变电站主变压器的容载比和负荷率

容载比过大，会使电网的前期建设投资较大，加重电网的投资建设负担；容载比过小，又会使电网的灵活性降低，不利于配电网的长期可持续发展。

（四）合理选择中、低压配电线路的导线截面积

中低压配电线路导线截面积过小，导致电压质量难以保证，电能损耗过高。具体方法有：按减少的电阻值最大的原则更换导线，按单位投资的降损效果最大来更换导线的截面。

（五）增加电源点，缩小低压供电半径

中低压配电网深入负荷点后，低压配电点到低压用户的供电半径视负载的大小而定。在负荷较小的区域不宜超过250m；在负荷中等密集区域不宜超过150m；在负荷密集较大的区域，供电半径不宜超过100m。

农村电网建设与改造的主要技术原则见附录1。

第四章　乡村供电所管理现状

第一节　乡村供电所的发展历程及作用

一、乡村供电所的发展历程

改革开放以来，我国农村电力事业取得长足进步，有力支撑了农村经济的快速发展。从农村供电机构发展历程看，大致分为两个阶段：

第一阶段：农村电管站阶段

农电体制改革以前，农村供电机构为乡镇电管站。乡镇电管站负责管理农村电价、电费和农村集体电力资产，维护农村正常供用电秩序。乡镇电管站按照趸售电价与供电所结算电费，同时测算费用和电力损耗，对农户实行抄表收费。乡镇电管站的收入来源是县供电所销售电价与农村到户电价的差额，经济上自收自支、独立核算。

农村电管站的管理模式符合当时的经济发展和农村用电需求的实际，激发了地方政府和农民集体投资办电的热情，解决了当时农村用电问题；并且吸纳了农民参与农村用电管理，也解决了当时的电力管理人员紧缺问题。

但是由于管理层级过多，层层是售加价，再加上电力部门和政府对电管站实行双重领导，造成电管站管理体制不顺，电管站职责不清，人财物管理混乱，用电管理不到位。电管站人员队伍素质不高，乡村电工以权谋私、"天价"电现象频繁出现。比较突出的问题是：一是电价高，管理不规范，电管站随意加收电费，农民怨言多。二是持续投入能力弱，农村电网建设水平低，电网维护后续资金投入不足。三是农网供电可靠性和服务水平低。四是农电安全事故频发。

第二阶段：乡镇电管站改制为农村供电所

1998年，为解决层层趸售导致农村电价高、农民负担重的问题，国务院实施了以"改造农村电网、改革农电管理体制、实行城乡用电同网同价"为核心内容的农村电力体制改革举措，大力推动农村电力事业发展。颁布了国发[1999]2号文件，明确提出："改革农电体制的核心是改革乡镇电管站管理体制，理顺县级供电企业与省电力公司以及乡镇电管站的关系，撤销乡镇电管站，实行县乡一体化管理，农村供电实行"三公开"（电量、电价、电费公开）、"四到户"（销售、抄表、收费、服务到户）和"五统一"（统一电价、统一发票、统一抄表、统一核算、统一考核）管理，建立起规范有序的农村供用电秩序。目的是，通过改革理顺农电管理体制，减少管理层级，降低管理成本，把农民不合理的用电负担降下来，提高管理效率。

通过实施农电体制改革实践，有力地推进了农村电力事业的发展，改善了农村电力基础设施，减轻了农民用电负担，农村供用电秩序得到规范。

二、乡村供电所在农村电力发展中的作用

农村供电所是供电企业的派出机构，是农村用电服务的窗口，在农村区域电力工业发展和电网建设过程中发挥着重要作用。

一是推动了农村经济发展。电力工业是国民经济的基础产业，是其他产业发展的重要保障。农村供电所在电力企业的规范管理下，降低了供电企业成本，管理更加科学，为广大农村地区提供安全、优质的电力服务，有效促进了农业生产生活，为推动农村经济发展和社会主义新农村建设提供有力支撑。

二是促进了农网建设的快速发展。通过"两改一同价"，理顺了县、乡、村电力管理关系，乡镇电管站改制为县供电企业的供电所，确立了县乡一体化电力管理体制，明确了农村电网经营发展的责任主体。农村供电所成为县供电公司的二级机构，彻底解决了以往县供电企业不愿投资农村电网的后顾之忧，带动了农村电力基础设施的改善。

三是提高了农村电网运行维护及管理水平。通过农村供电所对农村电力基础设施和电网的建设与管理，大大提升了农电的专业化管理水平，规范了农村用电秩序，提高了农村供电可靠率，极大提升了农村用电服务质量。

四是加快了农电管理的专业化进程。随着农电体制改革理顺县、乡、村电力管理关系，明确了农村电网经营发展责任主体，加快了农村电力的专业化管理进程。县供电企业对农村供电所人财物统一管理，实行收支两条线管

理；农村供电服务的标准化流程，规范了农村用电秩序，农村供电专业化管理水平明显提高。

五是树立了供电企业良好形象。农村供电所是供电企业的营销服务窗口，为客户提供专业、优质、全面的电力服务，保障了农村生产生活的正常运行。它体现着电力企业的形象和综合水平，直接面向广大用电客户，是社会了解电力企业最直接的渠道，有利于树立供电企业良好形象。

第二节　乡村供电所管理模式现状

一、乡村供电所组织架构及业务

农村供电所基本是按照乡镇行政区划来设置，作为县公司的二级机构管理，主要从事区域内供电营销服务以及低压电网的运行维护工作。根据专业化管理的需要，农村供电所主要设有配电、营业和业务受理等专业生产班组，按专业技能整合供电所人员和农村电工，明确各专业、岗位的职责，改变了农村电工分区包干的传统管理模式。

（一）组织结构

通常情况下，农村供电所设"一长三员三班"。即所长一名，营销员、安全员和核算员各一名。供电所设立配电、营业班、业务受理班，根据需要设立营业网点。配电班、营业班根据各所管辖的线路长度、设备及用电客户数量进行定员定编。

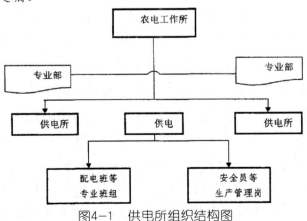

图4-1　供电所组织结构图

（二）重点业务

农村供电所的重点业务是10kV及以下电网的线路设备运行维护、业扩报装、计量、电力生产建设、电费抄、核、收和供电服务等工作。

安全员、营销员等生产管理岗负责安全监督、检查以及供电区域高低压线路设备规划、运行、维护、检修和工器具、计量管理、线损分析、业扩报装、供用电合同、用电检查、电价管理、抄表收费、优质服务以及财务、核算、出纳、工资、发票领用和奖惩兑现等方面管理工作。

配电班、营业班、业务受理班分别负责供电区域10kV线路设备规划、运行维护、检修、供电区域客户表计抄表和客户接户线、计量装置的巡视维护、电费催缴、0.4kV线路的巡视、检修、维护和清障，以及用户业扩装表接电、营业普查、低压计量运行管理等工作。

二、乡村供电所的管理模式分类

农村供电所采取综合管理加专业管理的管控模式。县供电企业为主管单位，县公司农电部为牵头综合主管部门，县公司各职能部门为专业主管部门。

按照供电所的营销和配电业务来划分，公司下辖的农村供电所当前采取的管理模式主要有两种，即"营配合一"和"营配分开"。根据对5省25个县公司统计来看，采用"营配合一"模式的供电所约占67%，采用"营配分开"模式的供电所约占33%。

（一）"营配合一"模式

即用电营业及配电检修等工作均由农村供电所进行统一管理。该模式可细分为供电所内按专业设立班组和供电所内设立配电柔性班组两种形式。农村供电所一般实行班组管理，通常设置配电班、业务受理班和营业班。其中，营业班主要负责辖区内低压业扩工作，高低压电能计量装置的管理（如新装、巡视、更换等），辖区内高、低压客户电费单据发放及电费催收，定期开展用电检查工作，负责辖区内的用电宣传，搞好优质服务工作。配电班负责辖区内高低压设备（包括配电室、配电变压器、配电盘开关设备、高低压线路等）的运行管理、检修和维护，辖区内高、低压电力工程勘察、施工，以及本供电所辖区内各种抢修服务工作，严格落实服务承诺。业务受理班主要负责接受95598供电服务热线转来的客户报修，及时传达各专业班（组），受理客户咨询、投诉、业扩申请和来信来访并答复客户，负责受理客户直接缴费，对代扣不成功的客户，通知营业班（组）及时实施催费。

图4-2 "营配合一"模式农村供电所组织结构

（二）"营配分开"的管理模式

即营业（抄表、售电、核算、用电检查、报装接电等）工作和配电生产（检修维护、运行、修理等）工作分离开来，成立供电营业所和配电工区分别进行负责管理。该模式还可分为县公司设立配电生产单位统一管理农村10kV配电设施和设立中心供电所，对配电业务实行相对集中管理两种形式。供电营业所与配电工区下面也采用班组制，主要设立营业班、业务受理班等班组，负责相关工作。

图4-3 "营配分开"模式农村供电所组织结构

不同地域农村供电所依据发展条件，可以选择不同的管理模式，供电所内部班组设置也有所不同。对于经济较发达、城镇化水平较高、配电设施相对集中的地区实行统一整合，可以设置专业管理机构，分专业设置若干班组。对于经济相对欠发达、工作、服务半径较大的单位，可将专业班组分片设置，也可根据推行农村供电所作业组织专业化所明确的原则，结合各自实际，对作业组织的设置方式进行适当调整。

三、农村供电所的运营机制

农村供电所的运营机制主要体现在对人、财、物的管理与考核。近年来，国家电网公司通过全面加强农电人、财、物集约化经营，不断推进农电专业化、规范化管理，有效提高了供电所管理水平和服务质量。

（一）人员管理

农村供电所的工作人员大都是农电工。供电所的人员是由省电力公司统一下达人员计划。首先由县级供电企业向市电力公司报需求，市电力公司统一招聘并上报省电力公司批准，然后由县级供电企业分配到供电所工作。

一般情况下，各供电所设置正、副所长（售电量大的供电所可设置两名副所长，售电量小的不设置副所长）和安全员、营销员、核算员等生产管理岗位，下设营业班、配电班以及业务受理班个生产班组，每个班组设班长一名。供电所所长一般按照县供电公司中层干部标准来对待，县供电公司对供电所所长进行统一考核。

（二）财务管理

农村供电所实行"统一管理、统一核算、收支两条线"的财务管理模式。设置专职核算人员，主要负责电费的收、缴、费用报销以及台账管理工作。县供电公司在规定的金融机构设立专门的电费专户。供电所抄收人员将收取的电费存入电费专户后，款项由合作金融机构按照公司有关电费账户管理办法实时上划，次月初各供电所核算员持相关凭证到县供电公司财务部电费专职人处核对销账。

农村供电所成本通过预算管理进行控制，根据上级供电企业规定的成本开支范围、费用使用办法和开支标准安排年度预算。费用预算本着"收支平衡、总量控制"的原则，根据收入情况合理安排支出。

（三）物资管理

县供电公司财务部门对农电固定资产，在单独设立的农电会计账目中核算反映，按照国家有关规定计价和计提折旧，建立固定资产卡片，及时反映固定资产的增、减变动情况。农村供电所新购、建固定资产及新购材料、物资，严格按照审批手续办理。新购固定资产、材料、物资，一律通过上级单位统一招标采购，统一配送到位，无权自行购买。

（四）绩效考核

公司农村供电所的考核按照"分级管理、分层考核、分类指导"管理原则进行。由省公司制定供电所考核的指导原则和标准，地市公司负责实施。一般情况下，考核部门为地市、县级农电工作部。省、市公司根据考核结果，每年开展动态考核工作，复查面不低于30%。各单位供电所考核评价工作质量及动态考核情况纳入农电工作年度考核评价的内容。

第五章　供电所的规范化管理概述

第一节　供电所规范化管理的必要性

实现乡镇供电所规范化管理是农电科学化、规范化管理的基础，是县级供电企业管理的重要组成部分农电管理已经成为县级供电企业管理的一个重要组成部分，如何进一步加强农电管理，规范农电管理行为，实现农电管理科学化，是县级供电企业实现科学化管理的重点，也是县级供电企业面临的一项长期任务。

目前，农电管理已经成为县级供电企业管理的一个很重要的组成部分，其管理水平、经济效益的高低直接影响县级供电企业的经营成果和发展速度。如何进一步加强农电管理，规范农电管理行为，实现农电管理科学化，是县级供电企业实现科学化管理的重点，也是县级供电企业面临的一项长期而艰巨的任务。

一、是适应农电事业发展的需要

实现农电规范化管理是适应新时期农电管理形势和今后农电事业发展的需要。农电规范化管理，是巩固"两改一同价"成果的必然要求，为县级供电企业科学化管理奠定基础。农电体制改革和城乡电网建设与改造，从根本上理顺了农电管理体制，建设了安全、可靠、科学的农村电网结构，实现了城乡电网同网同价，为进一步开拓电力市场创造了有利条件。进一步规范农电各项管理工作，巩固"两改一同价"取得的成果，逐步实现农电管理科学化，为今后县级供电企业今后发展奠定了基础。

二、农电体制改革是实现行业规范化管理的前提

经过农电体制改革，重点解决了行业管理混乱，管理机构重复，优质服

务严重滞后及安全隐患突出等方面的问题，改革了县、乡、村三级农电管理模式和电力商品趸售模式，实现了电力行业归口管理，为供电企业今后行业化管理和规范化运作奠定了基础。

三、农电体制改革是适应新时期农电管理形势的需要

由于原来农电管理体制存在的缺陷和问题，导致农电管理责任不明确，机构设置不合理、工作脱节、管理落后和经营不善等方面的后果，粗放的农电管理机制严重束缚了农电事业的发展。农电体制改革重点解决了农电管理机制、人事、制度等方面存在的问题，从根本上理顺了管理体制，明确了劳动关系，初步建立了规范的管理机制。

四、城乡电网建设与改造是今后供电企业更好实现电力

销售和建设良好市场环境的基本条件经过城乡电网建设与改造，建设了安全可靠、科学合理的城乡电网结构，改变了过去配网结构薄弱，安全供电可靠性差，供电质量差等方面的现状，提高了配网供电能力和安全供电可靠性，实现了城乡电网同网同价，减轻了农民负担，为进一步开拓电力市场创造了有利条件。

五、建设高素质的农电职工队伍是今后供电企业发展的有力保障

加强农电职工业务技术培训，建设适应农电管理发展需要的人才队伍，是今后农电管理的一项长期任务。要制订长远的人才培养规划和科学合理的职工教育培训计划，有针对性地开展人才培养与教育工作，为今后供电企业发展储备人力支援和智力支持。

六、实现业务规范化管理是农电规范化管理的基础

农电营销管理、安全管理、技术管理、基础资料管理都是农电管理的基础性工作。如何面对新的市场环境，建立适应新形势下新的农电经营理念和营销策略，全面加强营销管理，是农电开拓电力市场，实现增供扩销的重点。如何针对优质服务需要，加强线路设备安全管理，提高安全供电水平和

供电可靠性，也是农电管理的薄弱环节和重点，也是农电管理的一项长期性管理工作。基础资料管理是农电管理的一项基础工程，如何针对业务管理的需要，加强基础资料建设，为管理工作提供翔实的依据，是农电管理的基础。只有全面加强农电业务管理，实现业务规范化管理，才能为农电规范化管理奠定基础。

第二节　供电所规范化管理发展方向

一、立足现状，规范县级农电管理体系

乡（镇）电管站体制改革后，各级人员对农电管理的重视和认识程度有所不同，面对部分供电所人员综合素质较差、供电所规范化管理发展不平衡、农村安全用电管理职责不够明确、尚未进行改造的农村配电网及大量农村排灌用电设备同价后如何进行管理等问题，怎样继续推动和深化供电所的规范化管理工作，是各级农电管理人员必须思考和解决的课题之一。

农村电力体制改革后有必要根据供电所对农村用电管理的特点重新明确县级农电管理部门的职责与权限，规范其专业基础管理工作标准，健全县级农电管理体系，以此带动供电所规范化管理整体水平的提高。

二、实用为标，优化供电所人员结构

直供直管县乡（镇）电管站体制改革后，供电所工作人员的主要来源是原乡（镇）电管站电管员及农村电工，这部分人员理论功底薄、知识更新滞后、能力提高缓慢；要改变这种状况，必须在供电所逐步配备一些具有较高文化层次的大中专学生，并按照"农电工技能鉴定标准"进行培训和考核，以使供电所具有一批懂管理、会操作的专业人才。供电所"营配合一"的管理模式要求其工作人员的知识面相对较宽，而其人员定编相对又较少，不可能划分过细的专业，这就要求农电工作人员具有"一人多岗、一岗多能"的工作能力，以适应供电所的管理需要；要引入人才竞争机制，建立严格的考核体系，保持农电队伍相对稳定，促进农电事业健康稳定地发展。

三、突出重点，加强指标及营销管理

供电所营销管理工作的特点是点多面广、电量相对较小，如果按照城市用电现行的营销管理模式去管理，必然会出现大量缺员；因此，要在供电所建立现代化的营销管理体系，必须转变农电工作人员的思想观念，彻底摒弃电管站遗留下来的不良习惯，建立科学的营销策划和预测体系，积极开拓农村电力市场，不断提高供电所的经营效益。

加强对供电所的管理与考核，必须对供电所的主要管理指标（例如：安全运行天数、配电设备完好率、电容器可投率及投运率、漏电保安器投运率、供电量、售电量、电价执行到户率、线损率、电能表实抄率、电费回收率、电能表校验率、管理及运行费用、供电可靠性、电压合格率、用户投诉率等）进行量化核定，定期召开经营指标完成情况分析会，以实现供电所生产经营活动的规范化。供电所的基础管理要做到有目标、有计划、有措施，所有工作过程都处于受控状态，所有管理环节都形成闭环；应注重供电可靠性、电压合格率、线损指标的考核，并围绕"三率"管理存在的问题重点开展工作。

四、转变观念，注重服务与管理创新

供电所应建立长效服务机制，提高农电工作人员的服务理念，规范农电工作人员的言行，及时处理各类投诉案件，努力降低农村用电客户的投诉及上访率；要建立和完善内部及外部监督网络，实行纪检与专业管理部门相结合的管理方式，跟踪处理优质服务活动中出现的问题；应及时传递报修信息，提高报修工作效率。供电所还应提高计算机应用水平，建设实用的《供电所安全生产管理系统》《客户语音信息服务系统》《供电所综合管理系统》，并逐步将现有的计算机管理系统纳入县（市）支公司MIS系统，以实现信息资源共享；要继续加大农电"四新"（新技术、新设备、新材料、新工艺）推广应用的力度，不断提高配电网的科技含量。

五、正视现实，依法管理农村用电

农村用电管理面临的主要问题：一是部分偏远的农村配电网因投资所限将难以改造或改造标准偏低，城乡电网实现同价后，如果执行同价到户电

价，电力部门将会承担较高的低压线损和配电资产维护的安全风险责任；二是同价测算范围之外的农村用电资产、电能表及以下部分农户资产，需要电力部门进行维护时缺乏实行有偿服务的政策依据；三是一些地方电费回收遇到困难，电费拖欠给供电所管理带来压力；四是电力部门在农村安全用电管理中应该承担的职责不够明确；五是农村配电网设备时有被盗现象发生，给电力企业和用电客户带来损失。

针对上述情况，建议对尚未改造的农村，电力部门宜实行抄表收费及维护管理到变台，其低压配电网的线损及安全责任仍由村委会承担；对农村排灌资产应重点改造其计量及无功补偿设备；对同价测算范围之外的农村用电资产、电能表及以下部分农户资产，应实行有偿服务，并向物价部门争取合理的取费标准；应加强电费的回收管理，开展全员、全过程营销管理；应请求政府有关部门尽快明确电力部门在农村安全用电管理中的职责，并制订合理的农村人身触电伤亡事故理赔标准；电力部门还应与公安、司法部门联合，按照《电力设施保护条例实施细则》的要求，开展打击盗窃电力设施的专项活动，同时在技术上也应采取一些可靠的防范措施，以维护电力企业和客户的利益。

第三节　供电所规范化管理体系的建立

一、建立供电所规范化管理体系的准则

（一）以强有力的组织领导为核心

开展供电所规范化管理就是要将供电所从传统的粗放式管理，转变到现代集约化、专业化管理模式上来，这是一个观念转变的过程，也是一个改革的过程。为促进供电所规范化管理工作扎实、有效、健康地开展，要求农电企业成立以主要领导为核心的供电所规范化管理活动领导小组，由企管办具体负责实施，制定工作规划，明确任务，落实责任，使工作能够有计划、有步骤稳步地实施，并组织开展宣传动员，使全体员工充分认识到开展供电所规范化管理是巩固"两改一同价"和建设一流工作成果的需要，是夯实安全

基础的需要，是加快企业发展，做新、做大、做强企业的需要，是企业追求效益最大化的需要，也是员工在市场经济下生存的需要。

（二）以标准化管理体系为依据

为了提升公司农电系统整体管理水平，推行供电所标准化建设，由有关管理人员、技术人员、供电所所长，利用10个多月的时间，编制了43个管理流程和150多个记录样表的《供电所规范化管理工作流程》，并正式执行。农电企业结合自身实际，把一流县供电企业主要考核指标和考核标准融入供电所规范化管理工作流程的各个环节，制定了一系列系统化、规范化、实用化、操作性强的工作流程，工作标准、管理标准、考核标准，汇集成完整的企业标准化管理体系，同时为供电所规范化管理搭建起良好的支撑平台。特别强调供电所规范化管理：一方面必须以加强内部管理和基础资料建设为保证，另一方面必须以标准化用电村、标准化台区、标准化线路作为支撑，并以此为目标展开建设工作。

（三）以提高人员素质为基础

供电所管理水平、工作质量最终由员工的素质决定，因此必须提高人员素质，加强对规范化管理的培训教育，采取集中培训与短期培训相结合、专业培训与技能培训相结合的方式，认真组织供电所规范化管理、标准化建设、各项工作流程的学习和考核，使供电所员工具备规范化管理相应的基础知识，掌握各类技术标准和管理标准，工作中能有目的、有针对性地按照流程开展工作。

（四）以强化落实为前提

在供电所规范化管理过程中要特别注重调查研究，及时了解基层工作动态，组织有关职能部门深入各供电所制定翔实、具体、操作性强的工作方案，以供电所年度工作计划、月度工作安排和工作日志为主线，贯穿各项管理工作，将工作任务层层分解，落实到岗、到人，广泛调动供电所员工的积极性，提高工作效率和工作质量。

（五）以严格考核为保障

在企业管理中树立没有考核的管理是无效管理的理念，建立了农电企业、供电所两级考核体系，强化农电企业企管办的考核职能，注重和强化供电所规范化管理工作的过程控制，使供电所每项工作有标准、有依据、有流程来指导，有制度来规范，有考核来落实，真正形成闭环管理，并将规范化管理全部纳入公司供电所目标管理考核系统，按月考核，按月兑现奖惩，形成了供电所规范化管理的常态考核机制。

二、规范化建设坚持"六个结合"

（一）与安全管理相结合

为建立起基层安全管理坚固的防御体系，对安全管理实行三级目标控制，层层落实安全生产责任制，积极组织开展安全性评价工作，进一步明确基层反事故的重点和消除不安全因素的具体措施。在供电所认真落实每月4次的安全周活动、班前班后会、安全工作流程、危险点预控等安全生产系列制度，并与个人业绩考核挂钩，推出职工安全积分卡考评制度，充分发挥基层全员安全监督网络的作用，提高一线人员的安全素质，使每名职工由被动管理逐步转变为主动防范，实现了安全生产工作可控在控、超前预控。

（二）与运行维护、设备治理相结合

围绕供电可靠率和电压合格率两项重要指标，以"员工巡视手册"为依据，推行设备全过程责任管理，紧密结合春秋查检修，有效加强设备巡视、缺陷管理、运行维护和低压业扩报装管理，杜绝私拉乱接现象，提高了标准化用电村、标准化台区、标准化线路的建设效率和建设质量。建立供电可靠性与电压质量管理责任制和月度分析制，严格控制供电所月度停电工作计划、停送电审批手续和设备检修管理。为保证供电可靠率指标的完成，农电企业积极开展了10kV带电作业工作，购置带电作业车，实现从管理上提高供电可靠性和电压质量的目的。

（三）与供电所用电营销管理相结合

完善三级模拟市场考核管理机制，对供电所主要经营指标分线路、分台区进行考核，按月召开营销分析会，推广应用低压理论线损计算软件，规范供电所降损节能工作!促进供电所增供扩销的积极性。定期开展电力市场整顿，确保用电营销"四到户""五统一""三公开"的贯彻落实。强化企业合同化管理，农电企业在本营业区范围内与各类客户重新签订了"电力资产产权分界协议"和"供用电合同"，进一步法制化，加强供用电秩序的管理。

（四）与优质服务和行风建设相结合

在供电所开展创建行风示范区活动，建立由"供电所优质服务及行风建设示范公示栏"、行政村"客户联系点"和配变台区"服务公示"组成的三级客户服务监督网络，与客户服务卡、客户座谈会、社会义务监督员制度共同构成社会监督和客户联系体系。开通客户用电信息自动查询系统和95598客户服务网络，按照承诺时限快速完成急修任务，实现为客户主动服务，建立通畅、高效、快捷的客户服务体系。

（五）与技术进步和现代化管理相结合

公司所属供电所全部配备了计算机，与MIS系统相连，实现营业发行微机化，客户用电信息实时传输，客户电费票据全部由微机管理，增强了供电所收费工作的透明度。引入了抄表器，进一步提高了抄表的工作效率和实抄率、准确率。建立了能够完整地反映电网电压的自动化监控系统，实现电压质量的远程监测，提高了对电压的现代化管理水平。

（六）与人员到位标准和业绩考核相结合

全面强化人员管理机制和激励机制。在供电所推行了个人业绩考核和员工工作到位标准。将供电所的工作以线路、台区、用电村分解落实到人，实行"谁主管、谁负责"的原则，让每名员工参与管理，充分发挥主观能动性。通过工作业绩、工作表现、工作能力和技术水平四个方面的业绩考核，记入个人考核档案，实现动态管理，末位淘汰，有效地调动了员工的工作积极性。

第五章　供电所的规范化管理概述

第一节　供电所规范化管理的必要性

实现乡镇供电所规范化管理是农电科学化、规范化管理的基础，是县级供电企业管理的重要组成部分农电管理已经成为县级供电企业管理的一个重要组成部分，如何进一步加强农电管理，规范农电管理行为，实现农电管理科学化，是县级供电企业实现科学化管理的重点，也是县级供电企业面临的一项长期任务。

目前，农电管理已经成为县级供电企业管理的一个很重要的组成部分，其管理水平、经济效益的高低直接影响县级供电企业的经营成果和发展速度。如何进一步加强农电管理，规范农电管理行为，实现农电管理科学化，是县级供电企业实现科学化管理的重点，也是县级供电企业面临的一项长期而艰巨的任务。

一、是适应农电事业发展的需要

实现农电规范化管理是适应新时期农电管理形势和今后农电事业发展的需要。农电规范化管理，是巩固"两改一同价"成果的必然要求，为县级供电企业科学化管理奠定基础。农电体制改革和城乡电网建设与改造，从根本上理顺了农电管理体制，建设了安全、可靠、科学的农村电网结构，实现了城乡电网同网同价，为进一步开拓电力市场创造了有利条件。进一步规范农电各项管理工作，巩固"两改一同价"取得的成果，逐步实现农电管理科学化，为今后县级供电企业今后发展奠定了基础。

二、农电体制改革是实现行业规范化管理的前提

经过农电体制改革，重点解决了行业管理混乱，管理机构重复，优质服

务严重滞后及安全隐患突出等方面的问题，改革了县、乡、村三级农电管理模式和电力商品趸售模式，实现了电力行业归口管理，为供电企业今后行业化管理和规范化运作奠定了基础。

三、农电体制改革是适应新时期农电管理形势的需要

由于原来农电管理体制存在的缺陷和问题，导致农电管理责任不明确，机构设置不合理、工作脱节、管理落后和经营不善等方面的后果，粗放的农电管理机制严重束缚了农电事业的发展。农电体制改革重点解决了农电管理机制、人事、制度等方面存在的问题，从根本上理顺了管理体制，明确了劳动关系，初步建立了规范的管理机制。

四、城乡电网建设与改造是今后供电企业更好实现电力

销售和建设良好市场环境的基本条件经过城乡电网建设与改造，建设了安全可靠、科学合理的城乡电网结构，改变了过去配网结构薄弱，安全供电可靠性差，供电质量差等方面的现状，提高了配网供电能力和安全供电可靠性，实现了城乡电网同网同价，减轻了农民负担，为进一步开拓电力市场创造了有利条件。

五、建设高素质的农电职工队伍是今后供电企业发展的有力保障

加强农电职工业务技术培训，建设适应农电管理发展需要的人才队伍，是今后农电管理的一项长期任务。要制订长远的人才培养规划和科学合理的职工教育培训计划，有针对性地开展人才培养与教育工作，为今后供电企业发展储备人力支援和智力支持。

六、实现业务规范化管理是农电规范化管理的基础

农电营销管理、安全管理、技术管理、基础资料管理都是农电管理的基础性工作。如何面对新的市场环境，建立适应新形势下新的农电经营理念和营销策略，全面加强营销管理，是农电开拓电力市场，实现增供扩销的重点。如何针对优质服务需要，加强线路设备安全管理，提高安全供电水平和

供电可靠性，也是农电管理的薄弱环节和重点，也是农电管理的一项长期性管理工作。基础资料管理是农电管理的一项基础工程，如何针对业务管理的需要，加强基础资料建设，为管理工作提供翔实的依据，是农电管理的基础。只有全面加强农电业务管理，实现业务规范化管理，才能为农电规范化管理奠定基础。

第二节　供电所规范化管理发展方向

一、立足现状，规范县级农电管理体系

乡（镇）电管站体制改革后，各级人员对农电管理的重视和认识程度有所不同，面对部分供电所人员综合素质较差、供电所规范化管理发展不平衡、农村安全用电管理职责不够明确、尚未进行改造的农村配电网及大量农村排灌用电设备同价后如何进行管理等问题，怎样继续推动和深化供电所的规范化管理工作，是各级农电管理人员必须思考和解决的课题之一。

农村电力体制改革后有必要根据供电所对农村用电管理的特点重新明确县级农电管理部门的职责与权限，规范其专业基础管理工作标准，健全县级农电管理体系，以此带动供电所规范化管理整体水平的提高。

二、实用为标，优化供电所人员结构

直供直管县乡（镇）电管站体制改革后，供电所工作人员的主要来源是原乡（镇）电管站电管员及农村电工，这部分人员理论功底薄、知识更新滞后、能力提高缓慢；要改变这种状况，必须在供电所逐步配备一些具有较高文化层次的大中专学生，并按照"农电工技能鉴定标准"进行培训和考核，以使供电所具有一批懂管理、会操作的专业人才。供电所"营配合一"的管理模式要求其工作人员的知识面相对较宽，而其人员定编相对又较少，不可能划分过细的专业，这就要求农电工作人员具有"一人多岗、一岗多能"的工作能力，以适应供电所的管理需要；要引人人才竞争机制，建立严格的考核体系，保持农电队伍相对稳定，促进农电事业健康稳定地发展。

三、突出重点，加强指标及营销管理

供电所营销管理工作的特点是点多面广、电量相对较小，如果按照城市用电现行的营销管理模式去管理，必然会出现大量缺员；因此，要在供电所建立现代化的营销管理体系，必须转变农电工作人员的思想观念，彻底摒弃电管站遗留下来的不良习惯，建立科学的营销策划和预测体系，积极开拓农村电力市场，不断提高供电所的经营效益。

加强对供电所的管理与考核，必须对供电所的主要管理指标（例如：安全运行天数、配电设备完好率、电容器可投率及投运率、漏电保安器投运率、供电量、售电量、电价执行到户率、线损率、电能表实抄率、电费回收率、电能表校验率、管理及运行费用、供电可靠性、电压合格率、用户投诉率等）进行量化核定，定期召开经营指标完成情况分析会，以实现供电所生产经营活动的规范化。供电所的基础管理要做到有目标、有计划、有措施，所有工作过程都处于受控状态，所有管理环节都形成闭环；应注重供电可靠性、电压合格率、线损指标的考核，并围绕"三率"管理存在的问题重点开展工作。

四、转变观念，注重服务与管理创新

供电所应建立长效服务机制，提高农电工作人员的服务理念，规范农电工作人员的言行，及时处理各类投诉案件，努力降低农村用电客户的投诉及上访率；要建立和完善内部及外部监督网络，实行纪检与专业管理部门相结合的管理方式，跟踪处理优质服务活动中出现的问题；应及时传递报修信息，提高报修工作效率。供电所还应提高计算机应用水平，建设实用的《供电所安全生产管理系统》《客户语音信息服务系统》《供电所综合管理系统》，并逐步将现有的计算机管理系统纳入县（市）支公司MIS系统，以实现信息资源共享；要继续加大农电"四新"（新技术、新设备、新材料、新工艺）推广应用的力度，不断提高配电网的科技含量。

五、正视现实，依法管理农村用电

农村用电管理面临的主要问题：一是部分偏远的农村配电网因投资所限将难以改造或改造标准偏低，城乡电网实现同价后，如果执行同价到户电

价，电力部门将会承担较高的低压线损和配电资产维护的安全风险责任；二是同价测算范围之外的农村用电资产、电能表及以下部分农户资产，需要电力部门进行维护时缺乏实行有偿服务的政策依据；三是一些地方电费回收遇到困难，电费拖欠给供电所管理带来压力；四是电力部门在农村安全用电管理中应该承担的职责不够明确；五是农村配电网设备时有被盗现象发生，给电力企业和用电客户带来损失。

针对上述情况，建议对尚未改造的农村，电力部门宜实行抄表收费及维护管理到变台，其低压配电网的线损及安全责任仍由村委会承担；对农村排灌资产应重点改造其计量及无功补偿设备；对同价测算范围之外的农村用电资产、电能表及以下部分农户资产，应实行有偿服务，并向物价部门争取合理的取费标准；应加强电费的回收管理，开展全员、全过程营销管理；应请求政府有关部门尽快明确电力部门在农村安全用电管理中的职责，并制订合理的农村人身触电伤亡事故理赔标准；电力部门还应与公安、司法部门联合，按照《电力设施保护条例实施细则》的要求，开展打击盗窃电力设施的专项活动，同时在技术上也应采取一些可靠的防范措施，以维护电力企业和客户的利益。

第三节　供电所规范化管理体系的建立

一、建立供电所规范化管理体系的准则

（一）以强有力的组织领导为核心

开展供电所规范化管理就是要将供电所从传统的粗放式管理，转变到现代集约化、专业化管理模式上来，这是一个观念转变的过程，也是一个改革的过程。为促进供电所规范化管理工作扎实、有效、健康地开展，要求农电企业成立以主要领导为核心的供电所规范化管理活动领导小组，由企管办具体负责实施，制定工作规划，明确任务，落实责任，使工作能够有计划、有步骤稳步地实施，并组织开展宣传动员，使全体员工充分认识到开展供电所规范化管理是巩固"两改一同价"和建设一流工作成果的需要，是夯实安全

基础的需要，是加快企业发展，做新、做大、做强企业的需要，是企业追求效益最大化的需要，也是员工在市场经济下生存的需要。

（二）以标准化管理体系为依据

为了提升公司农电系统整体管理水平，推行供电所标准化建设，由有关管理人员、技术人员、供电所所长，利用10个多月的时间，编制了43个管理流程和150多个记录样表的《供电所规范化管理工作流程》，并正式执行。农电企业结合自身实际，把一流县供电企业主要考核指标和考核标准融入供电所规范化管理工作流程的各个环节，制定了一系列系统化、规范化、实用化、操作性强的工作流程，工作标准、管理标准、考核标准，汇集成完整的企业标准化管理体系，同时为供电所规范化管理搭建起良好的支撑平台。特别强调供电所规范化管理：一方面必须以加强内部管理和基础资料建设为保证，另一方面必须以标准化用电村、标准化台区、标准化线路作为支撑，并以此为目标展开建设工作。

（三）以提高人员素质为基础

供电所管理水平、工作质量最终由员工的素质决定，因此必须提高人员素质，加强对规范化管理的培训教育，采取集中培训与短期培训相结合、专业培训与技能培训相结合的方式，认真组织供电所规范化管理、标准化建设、各项工作流程的学习和考核，使供电所员工具备规范化管理相应的基础知识，掌握各类技术标准和管理标准，工作中能有目的、有针对性地按照流程开展工作。

（四）以强化落实为前提

在供电所规范化管理过程中要特别注重调查研究，及时了解基层工作动态，组织有关职能部门深入各供电所制定翔实、具体、操作性强的工作方案，以供电所年度工作计划、月度工作安排和工作日志为主线，贯穿各项管理工作，将工作任务层层分解，落实到岗、到人，广泛调动供电所员工的积极性，提高工作效率和工作质量。

（五）以严格考核为保障

在企业管理中树立没有考核的管理是无效管理的理念，建立了农电企业、供电所两级考核体系，强化农电企业企管办的考核职能，注重和强化供电所规范化管理工作的过程控制，使供电所每项工作有标准、有依据、有流程来指导，有制度来规范，有考核来落实，真正形成闭环管理，并将规范化管理全部纳入公司供电所目标管理考核系统，按月考核，按月兑现奖惩，形成了供电所规范化管理的常态考核机制。

二、规范化建设坚持"六个结合"

（一）与安全管理相结合

为建立起基层安全管理坚固的防御体系，对安全管理实行三级目标控制，层层落实安全生产责任制，积极组织开展安全性评价工作，进一步明确基层反事故的重点和消除不安全因素的具体措施。在供电所认真落实每月4次的安全周活动、班前班后会、安全工作流程、危险点预控等安全生产系列制度，并与个人业绩考核挂钩，推出职工安全积分卡考评制度，充分发挥基层全员安全监督网络的作用，提高一线人员的安全素质，使每名职工由被动管理逐步转变为主动防范，实现了安全生产工作可控在控、超前预控。

（二）与运行维护、设备治理相结合

围绕供电可靠率和电压合格率两项重要指标，以"员工巡视手册"为依据，推行设备全过程责任管理，紧密结合春秋查检修，有效加强设备巡视、缺陷管理、运行维护和低压业扩报装管理，杜绝私拉乱接现象，提高了标准化用电村、标准化台区、标准化线路的建设效率和建设质量。建立供电可靠性与电压质量管理责任制和月度分析制，严格控制供电所月度停电工作计划、停送电审批手续和设备检修管理。为保证供电可靠率指标的完成，农电企业积极开展了10kV带电作业工作，购置带电作业车，实现从管理上提高供电可靠性和电压质量的目的。

（三）与供电所用电营销管理相结合

完善三级模拟市场考核管理机制，对供电所主要经营指标分线路、分台区进行考核，按月召开营销分析会，推广应用低压理论线损计算软件，规范供电所降损节能工作!促进供电所增供扩销的积极性。定期开展电力市场整顿，确保用电营销"四到户""五统一""三公开"的贯彻落实。强化企业合同化管理，农电企业在本营业区范围内与各类客户重新签订了"电力资产产权分界协议"和"供用电合同"，进一步法制化，加强供用电秩序的管理。

（四）与优质服务和行风建设相结合

在供电所开展创建行风示范区活动，建立由"供电所优质服务及行风建设示范公示栏"、行政村"客户联系点"和配变台区"服务公示"组成的三级客户服务监督网络，与客户服务卡、客户座谈会、社会义务监督员制度共同构成社会监督和客户联系体系。开通客户用电信息自动查询系统和95598客户服务网络，按照承诺时限快速完成急修任务，实现为客户主动服务，建立通畅、高效、快捷的客户服务体系。

（五）与技术进步和现代化管理相结合

公司所属供电所全部配备了计算机，与MIS系统相连，实现营业发行微机化，客户用电信息实时传输，客户电费票据全部由微机管理，增强了供电所收费工作的透明度。引入了抄表器，进一步提高了抄表的工作效率和实抄率、准确率。建立了能够完整地反映电网电压的自动化监控系统，实现电压质量的远程监测，提高了对电压的现代化管理水平。

（六）与人员到位标准和业绩考核相结合

全面强化人员管理机制和激励机制。在供电所推行了个人业绩考核和员工工作到位标准。将供电所的工作以线路、台区、用电村分解落实到人，实行"谁主管、谁负责"的原则，让每名员工参与管理，充分发挥主观能动性。通过工作业绩、工作表现、工作能力和技术水平四个方面的业绩考核，记入个人考核档案，实现动态管理，末位淘汰，有效地调动了员工的工作积极性。

第六章 供电所规范化建设的基础

第一节 供电所定位和设置

一、供电所定位

（一）供电所定位存在的问题

供电所设三个班组：营业班、抄表收费班和售后服务班。供电所是电力客户服务中心业务职能的延伸，它进一步接近客户、方便了客户。

从改制至今，经过不断实践和完善，供电所已具备管理、服务、生产等多项职能，并已逐步发展成为"营业业务办理、业务收费，用电咨询、投诉、建议，高、低压客户抄表催费，供电售后服务，现场供电设施检查维护，客户用电指导，高、低压故障处理、事故调查等"综合功能的营业所，并已成为供电企业面向客户服务的重要窗口。但目前而言，在供电所的建设上仍有些不足，主要表现在机制性缺陷严重影响着优质服务水平和工作效率的提高。

目前的机制是，供电所对很多问题只有反映权而无处理权，只有完成任务权而没有任务分配权，只有被考核权而无考核权，地位相对低下，使供电所成为工作任务最为繁重、责任最为重大，而权利与义务最不对等的基层组织。一方面是客户反映或提出的问题急待解决，另一方面是供电所调动组织其他力量无力，尽管下了很大工夫，往往不能高效率、高质量完成。于是只能向主管领导反映，尽管解决了，但无疑是增加了领导的负担。而且很多问题不能总是要求领导亲自协调，主观能动性有待创造条件予以发挥。

以对某用户的下户线改造为例。营业所在日常工作中发现某户电量不正常，但多次检查却未发现问题。于是，反映进行下户线改造。而这一过程，需要涉及改造负责人、施工单位等多个关口，中间有任何问题，如改造负责人出差或施工单位无时间安排等都会造成改造拖滞，使电量流失问题不能尽快解决，往往要催办多次后方能处理。如果供电所直接安排施工力量，那么这一问题定会快速解决。只是一个方面，因其他班组或部门导致被拖拉的事常有发生。

（二）将供电所建成基本营销服务单元

基本营销服务单元，可以理解为营销服务单元的基本单位，是一个责权对等的组织。将整体营销服务对象或客户群体分解成若干个部分，对应于每个分解后部分的服务单位（单元）就是营销服务单元的基本单位。

针对当前供电所建设上的机制性缺陷问题，结合供电所一线员工的体会和经验，认为建设"责、权兼备供电营业所"实施"基本营销服务单元"建设战略，无疑是最佳途径。原因有三：一是时机已成熟。当前，营销机构已分为和平分局、光明分局、峰峰分局三个大的营销服务单元。建设"责、权兼备供电营业所"的前提已实现。二是客观环境具备。当前，供电所的辖区是按地理区域结合线路范围进行划分的，并将逐步完全过渡到按地理区域划分，"责、权兼备供电营业所"建设所要求的"划地而治"的环境已具备。三是已有人员基础。现有供电所机构主要包括：所长、副所长及抄收、营业、售后班组班长及成员等，人员规模达到50人左右。"责、权兼备供电营业所"所要求的管理及技术服务人员已具备，只是还没有予以准确定位。

建设基本营销服务单元关键在于提高认识，不能将供电所单纯地作为一个班组来管理，而应定位为具有"管理、服务、生产"多重职能的一个基本营销服务单元。分局是一个大的营销服务单元，而每个分局供电所就是一个基本营销服务单元。基本营销服务单元对所管理和服务的客户负有管理和服务的责任。它有调度支配权，有协调联动权，有督促办理权。任何任务或问题的处理应该是一个闭合的环节，始于供电所（基本营销服务单元），并且要终于供电所（基本营销服务单元），但对中间的处理环节，营业所有支配权、督办权。供电所不应该只是一个被管理单位，而应该是一个管理单位与实施单位的综合体，因为很多问题或任务的轻、重、缓、急，只有营业所清楚，也只有供电所才最为着急，这也符合首问负责制的精神，符合客观实际。

在分局对供电所的管理上，即大的营销服务单元对基本营销服务单元的管理上，应尽可能地减少中间层次。因为过多的中间层，要消耗大量的时间成本和人力成本，层层转达会导致问题的真实意图不能清楚表达，势必影响处理时效。要创造条件使供电所能够尽可能发挥出主观能动性，发挥出协调联动性和组织管理能力，突出问题的"发现、办理、督促、答复"，以高效率的组织来完成工作任务，最终实现更到位的管理、更好地对客户服务。只有给予供电所准确定位，才能完善"基本营销服务单元"架构，才能充分发挥职能作用，保障执行力。

要完善人力资源配置。按照科学管理的原则，按户数规模配置服务人员。要提高现代化办公水平，保障车力供应和硬件消耗。要树立供电所作为"基本营销服务单元"应有的地位，充分调动人员工作积极性，发挥共享资源优势，不断改善和提高优质服务水平。供电所服务人员的一举一动都会直接使客户产生对供电公司或好或坏的印象。做一些走形式、花架子的服务内容，不如扎扎实实地搞好供电营业所这个基本营销服务单元的建设，不如切实了解供电所的工作状况，解决实际问题，完善相关职能，完善人力、物力配置，建立激励、考核一体的管理机制，最终实现优质服务水平和经营业绩的整体提高。

二、供电所设置

（一）电管站改为供电所前农村电力管理的现状

农电"两改一同价"之前，各县供电公司对农村电力管理均由县供电公司分专业进行管理。并由县供电公司直接抄表到变压器低压侧。同时，各乡（镇）均成立有电管站，电管站受乡（镇）政府、县供电公司的双重领导，电管站负责农村低压电网的管理、农村电工的管理和对农村电费电价进行监督。各县供电公司与上面的情况有所不同，在供电公司下面均成立有供电所（电力所），是县供电公司的派出机构。一般以一个35千伏变电站的供电范围或以一条10千伏线路或者多条10千伏线路的供电范围成立供电所。负责10千伏线的运行、10千伏配电变压器及营业管理工作。对于农村低压电网的管理，各县的管理情况也不尽相同。有的县的供电所管理所辖范围内的电管站，由电管站对所辖行政村的低压电网进行管理，并以农村分类综合电价对农村村民进行收费；有的县的供电所不管理电管站，由县供电公司设置的农电科（电管总站）对全县的电管站进行管理。

（二）乡（镇）电管站改制为供电所时的设置要求

根据国务院国发［1999］2号文件精神，将乡（镇）电管站改为县供电企业直接经营管理的供电所，使其成为县供电企业统一管理的派出机构。并应按照便于管理、方便用户的原则，采取营配合一的管理模式进行设置。

第一种模式：按乡（镇）设置供电所。将原来的县供电公司设置的供电所和乡（镇）电管站全部撤销，重新成立新的供电所，每乡（镇）一所，同时按照县供电公司明确的管辖范围进行管理。

第二种模式：成立区域性供电所。将乡（镇）电管站改制为隶属于供电所的营业站，将原有县供电公司直属的供电所进行适当的调整，撤销原有的乡（镇）电管站，成立隶属于供电所管理的营业站，负责农村低压电网的管理和农村村民的抄表到户、服务到户工作。营业站属班组级，不再直接对口地（市）供电公司。

（三）两种管理模式的优劣对比

从实际改革的情况看，两种管理模式各有利弊。

第一种模式优点是：符合国家关于乡（镇）电管站体制改革工作的要求。

缺点是：（1）由于以乡设置供电所，每县要设置20～30个供电所。因此，给选拔供电所所长带来了一定的困难。（2）由于以乡设置供电所，给供电所的考核带来了一定的困难。（3）由于原来的电管站的电管员、农电工的素质偏低，因此由供电所全部管理10千伏及低压电网和负责营抄工作有一定的难度。

第二种模式优点是：（1）由于原来供电所的设置没有发生大的变化，有利于工作的衔接。（2）乡（镇）电管站改制为供电所下属的营业站，有利于对农村低压电网的管理和抄表到户、服务到户的管理。（3）便于县供电企业对供电所的考核，特别是对"站所合一"的供电所。（4）由于按此模式进行设置，一般县供电企业只需要设置7～8个供电所即可，有利于县供电企业对供电所的领导，尤其是对供电所所长的选择上，可本着"优中选优"的原则进行选聘。缺点是：增加了一层管理机构。

第二节 供电所岗位职责定位

一、供电所岗位位置存在的问题

(一)所长位置问题

主要困惑是各管理岗位发挥不出管理合力,工作任务较前些年明显增多,管理要求明显严格,可是能够胜任工作的员工却没有同步增加,任务量、管理要求与人员和人员素质不相协调,问题关键是人员素质。

(二)"三员"位置问题

日常工作繁杂,所长安排工作任务重,需要协调的事情多,接触的员工多,学习专业技术的时间和精力明显不足,问题的关键是时间和精力。

(三)班长位置问题

总感觉"三员"与自己在实施管理上没有区别,只不过在管理层级上要接受"三员"的领导,有时就是辅助"三员"管理,找不到自己的位置,积极性受挫,只能事事请示所长和"三员",听从工作安排,问题的关键是找不准自己的位置。

仔细推敲上述各岗位的困难,引发问题的关键是供电所各管理岗位定位不清晰、职责不明确,专业延伸阻力的关键是"三员"未能充分发挥专业技术带头人的作用,未能从建立专业管控机制、专业管理要求落地实践和内部人员培训上下工夫,造成专业化延伸不到位、不稳定,个人认为解决专业化延伸不到位的突破口应该是供电所"三员",关键是明晰供电所管理层各岗位职责。

二、找准供电所的岗位定位

对于供电所"一长三员三班长"岗位定位应立足于公司组织架构设计,从保障供电所健康、持续性发展上进行分析。

首先供电所作为县供电公司派出机构,必须要以完成公司下达的各项指标任务为第一要务;其次供电所作为农村供电服务的一线窗口,必须密切联系地方政府和人民群众,做好地方的供电服务工作。对于供电所"一长三员三班长"要保障供电所履职到位,首先就是要对外、对内的工作业务有个全面的认识,然后各岗位人员根据业务需求有个清晰的定位及明确的职责划分，才能在后续的工作中让每个管理岗位人员各尽其责、各显其能，从而更好地发挥供电所管理合力来实现供电所的健康可持续发展。

个人理解，所长作为供电所管理第一责任人，岗位定位应该从营造良好的内外部氛围做起，对外获得政府、用户的理解和支持，对内得到员工的理解和支持，不断提高员工把工作做好的愿望，提高员工把工作做好的能力，并带领员工高度认同的完成公司下达的指标任务。"三员"作为专业管理第一责任人，岗位定位应该是专业技术带头人和专业管理机制的建设者，侧重于专业技术和管理机制的研究和落地实践，从而保证工作的质量和效率。班长作为工作项目的负责人，岗位定位应该是落实具体工作的管理者和组织者，侧重于工作任务实施的保障，做好人员安排，协调好工器具、物资、车辆等的管理，确保既定时间内完成指标任务。

三、确定供电所的岗位职责

明确了"一长三员三班长"岗位定位的侧重点，接下来就需要围绕岗位定位进行职责划分，并逐步按职责分派工作，减轻"三员"日常工作压力，加强专业管理承接、专业技术的学习培训和专业管控机制的完善，强化班长日常工作安排的职能，发挥各岗位管理合力。

（一）所长的岗位职责

从获得当地政府、群众的理解和支持来分析，所长应负责供电所外部协调工作，做好与乡镇政府等相关职能部门的沟通，做好重要用户走访、接待和用户接访工作，定期召开行风建设座谈会，构建良好外部氛围，争得当地政府及用户的理解及支持。

从得到内部员工的理解及支持来分析，所长应负责供电所内部文化建设，关心职工工作生活，搞好环境卫生、所容所貌和各类集体活动，构建供电所和谐、温暖、积极的生产生活氛围，增强员工凝聚力和向心力。还应负责建立所内公平公正的绩效评价机制，指标任务落实到班组及员工，严格执行落实绩效奖惩考核，激发职工工作积极性。

从指标任务第一责任人的角度来要求，所长应做好工作监督。应负责组织编制和审核年、月工作计划，定期组织三员、三班长召开月度和周工作例会，全力监督指标完成情况、重点工作进度和工作计划的落实，对安全生产、营销服务、综合事务等进行调度、分析及总结，保证指标任务完成。

从供电所管理第一责任人的角度进行要求，所长应抓好劳动纪律。应做好供电所人财物的管理及突发事件、重大事件的处理。应严格执行上级有关财务管理制度，遵守财经纪律，不设小金库，不截留电费，确保电费等资金安全。应负责所内人员队伍建设，组织所内职工开展各类培训、训练及劳动竞赛，规范员工行为，提升员工思想认识和业务能力。应负责所内物资管理，协调专业部门物资购置，监督物资领取及废旧物资退库。所长还应负责安全生产、营销服务投诉事件的管理和较严重事件的调查处理，控制事件在规定期限内完成处理并答复。负责所内值班管理及值班安排，遇有较严重设备故障及事件，必须到达现场解决处理等工作事项。

（二）"三员"主要职责及工作内容

从专业技术带头人来分析，三员应负责培训工作，参加上级培训，熟练掌握专业知识技能和新技术应用；组织本所员工技术培训学习，使其熟练掌握专业知识及技能，提高员工工作能力。从机制建设者来分析，三员应负责及时传达上级最新管理要求和先进单位典型经验，建立完善本所专业管理体系（包括目标、流程、制度、考核等），并落地执行。

从专业第一责任人来要求，三员应负责编制本专业年、月工作计划和专项工作方案，并督导落实，对工作实施提供技术指导。应负责专业检查、稽查及问题分析，制定并组织落实改进措施。负责编制专业管理分析材料，提供各项指标数据和专业管理改进建议，不断提高组织系统的整体运行能力。应负责专业奖惩考核，确保指标任务的完成。应负责专业物资管理，满足指标任务需要。应负责专业基础资料、信息管理等工作。应负责专业事件的调查处理工作，编写调查处理报告。

（三）班长主要职责及工作内容

从落实具体工作的管理者和组织者来要求，班长应根据供电所年、月工作计划编制班组周工作计划，明确每天工作项目、具体内容、人员分工等。应根据周工作计划落实好工器具、物料、车辆等后勤保障工作，确保工作按计划开展，并及时将问题反馈至三员、所长。应负责组织召开班组的班前班后会，调度每天工作计划完成进度、质量，分析存在的问题、困难，按管理权限及时将问题反馈至三员、所长。协调班组内部人员进行派工，填写派工单。还应负责落实班组成员的考勤和奖惩考核工作。"三集五大"建设为全面推进专业化管理奠定了基础,专业化管理延伸作为破解供电所管理薄弱的有效措施必须加快研究推进,在明确供电所管理岗位职责界面后,接下来要研究专业化管理下执行层的专业化分组及人员配置、适用于供电所开展专业化工作的流程及程序性工作手册的编制和开展针对性的专业培训工作,才能切实保障和加速供电所人员专业化素质的提升,进而从根本上解决供电所管理薄弱的问题。

第三节　供电所标准化建设

近年来,随着经济社会的日益进步,用电需求量持续增长,电网不断发展壮大,由此对基层供电所的要求越来越高。实施标准化供电所建设是全面加强供电所管理、提升可靠供电和优质服务能力的重要举措。

按照标准化管理的要求,需要加强对供电所专业工作的管理。将供电所的安全管理、设备运行管理、营销管理、计量管理、优质服务管理等分别纳入企业安全管理体系、生产管理体系和营销管理体系,不断提高供电所的专业化管理水平。

一、基层供电所标准化建设的重点内容

(一)供电所硬件设施标准化

结合供电营业规范化服务示范窗口建设,加强供电所设施完善工作,规范供电所功能设施,加强基础管理。按照上级开展标准化供电所创建的要求,制订标准化供电所创建实施方案,对供电所的办公环境统一规划,对供电所的功能设施进行合理的调整补充,使各功能区更加合理、清晰。营业服务、办公、工器具及备品备件存放、后勤生活等功能区合理设置,整洁有序,做到办公区统一、规范;生产区标准、实用;车辆、应急抢修设备等设施齐全,定置管理,对安全工器具和生产工器具进行区分和规范,统一货架,专人管理,规范并明确备品备件、安全工器具等台账,并设专人进行登记领用记录,做到"账、卡、物"相符。正确规范使用"国家电网"标志识

别系统，建立和规范供电所上墙资料、岗位工作职责、管理制度、管理记录等方面资料，做到上墙资料标准统一、内容统一、摆放地点统一、各种记录统一。

（二）供电所基础制度与资料标准化

抓好供电所标准体系制度梳理完善工作，提高制度的实用性和可操作性；设备台账等各类资料、档案管理准确翔实。定期开展生产、营销、服务等专业管理分析工作，针对薄弱环节制定改进措施，优化工作流程，提高管理的有效性和工作效率。同时以提高人员素质为目的，坚持学习培训与标准化建设相结合，强化制度的有效性和执行力，突出培训形式的灵活性。采取集中学习和自主学习的方式开展全员培训。本着"学我所做，做我所学"的理念，采取标准化知识问答、现场提问、集中考试、工作观摩等方法，使员工对标准化知识熟记于心、力行于岗。

（三）供电所岗位设置及人员管理标准化

加快供电所作业组织专业化整合，全面完成供电所作业组织专业化设置工作；按照作业组织专业化要求，对标准化供电所实行专业化管理。建立生产、营销、服务三个不同类型的专业化管理小组，对应设立供电所"一长、三员、三班"组织机构，将员工划分为各专业班组分组作业，明确各岗位职责，完善工作标准、工作流程和规章制度。为解决供电所混岗问题，科学设置工作岗位，彻底改变供电所班组划分不清晰、工作职责不明确、工作随意性强的松散管理状况，逐步优化队伍结构。加强规范农电工管理，完善奖励与考核制度。

（四）供电所各项工作过程标准化

加强标准化作业管理，全面导入供电所标准化作业流程和岗位工作流程，对安全管理、生产管理、营销管理、专业技术管理、优质服务、综合管理等方面按照全过程控制的要求，对工作计划、准备、实施、总结等各个环节细化出具体的操作方法、操作措施、操作标准和操作人责任，依据工作流程的顺序排列组合成具体的工作程序，不断改善管理手段、提高工作效率。加强各专业之间的工作协调，突出工作过程标准化。实行专业化管理后，供电所要深化对各专业组的组织协调，用标准和制度加强供电所计划管理和绩效考核，充分调动工作人员的积极性，严格执行供电所管理流程，与日常工作紧密结合，做到人员熟知、资料齐全、执行到位，实现协调有、工作高效。

（五）供电所管理手段信息化

在依托SG186系统实现供电所与县区级基层供电企业的数据实时传输基础上，加快实用化进程，达到设备信息、营销数据、流程控制、指标分析、业绩考核等实时管理功能，操作票、工作票、业务流程等安全生产、营销管理工作流程实现网络流转。相关工作人员熟练使用信息管理系统，能按规定时限完成相关工作任务，根据实际情况及时更新数据信息。

二、基层供电所标准化建设的重点指标管理

按照标准化供电所的工作要求，根据指标管理的职能，建立健全相关的工作记录、数据统计及报表台账，并确定各项指标的责任人，落实责任制，确保统计的真实、准确、有据。要及时分析生产经营指标的完成情况，做到管理和考核的协调统一。尤其是针对三大指标（线损率、电压质量和功率因素、供电可靠性）建立管理体系。

（一）线损率指标

基层供电企业定期对高、低压电网进行理论线损计算，根据各供电所的电网结构、负荷量和管理现状，分供电所、分季度制订10kV线路和配电台区线损管理指标。供电再所根据供电公司下达的线损率指标，将每条10kV线路、配电台区线损管理指标落实到人、考核到人。供电所应在年初根据基层供电企业的线损管理工作计划制订本所的工作计划、降损计划及降损保证措施。要建立线损分析例会制度，分析当月的线损完成情况，及时发现问题，针对问题查找原因，及时调整降损措施。同时，对上月降损措施落实情况加以总结，看是否对降低线损起到了作用，及时调整降损措施，使其落到实处。配电台区应设置在负荷中心，坚持多布点、小容量、短半径的原则。优化电网结构，缩短供电半径，降低线路损失。按照要求，配电线路供电半径应小于或等于15公里，低压线路供电半径应小于或等于0.5公里。

（二）电压质量指标和功率因数指标

优化无功补偿，坚持就地分散补偿和线路集中补偿相结合的原则。线路集中补偿点应根据负荷分布及线路长度确定，并备有调峰的补偿设备。功率

因数以10kV线路为考核单位。供电所应制订无功管理和无功补偿技术措施，建立无功补偿档案，做好无功补偿设备的运行维护工作，根据高、低压电网的功率因数情况，及时投、切无功补偿设备，定期巡视检查无功补偿设备并做好记录。建立电网监测点档案，落实专人负责，对电压质量和设备情况检查记录。定期对电压质量进行分析，查找电压质量波动因素，调整无功补偿的功率，调整配电变压器的分接开关，保证电压质量在合格的范围之内。

（三）供电可靠性指标

供电所要正确掌握所管理区域的供电用电情况，对供电的可靠性指标进行合理的统筹规划，对允许停电的时户数进行清晰明确的计划。各级供电所的管理人员和技术人员要根据供电所的供电可靠性指标和允许停电的时户数规定，根据"先算后停"的原则，对供电所的停电计划和停电工作进行合理的安排，在进行停电工作时，要注意停电时户数的记录和备案，执行停电工作流程，并对相关的档案进行定期的整理。

三、标准化供电所的日常管理

（一）安全管理

供电所每年根据县区级基层供电企业下达的安全生产指标，结合本供电所实际情况层层落实安全生产责任制，开展安全活动，进行安全分析，组织反事故演习，建立安全生产闭环和常态运行机制，实现无人身伤亡事故、无设备事故、无责任性人身触电事故、无负主要责任的交通事故、无火灾事故，安全生产事故"零"指标。供电所内安全指标的考核管理由安全员负责组织实施，生产指标的考核管理由技术员负责组织实施，重点查处安全生产制度和设备缺陷处理的执行情况，积极开展各项安全生产主题活动，加强配电网的运行管理。

（二）营销服务

规范供电所的营销行为，制订完善规范、合理、统一的营销管理制度，严格执行国家电价政策，做到电价准确、应收必收、收必合理，用电户全部实现一户一表，建立健全客户营业档案。增强电费电价的透明度，实现"三公开""四到户""五统一"。严格落实优质服务各项要求，完善相关配套制度，推动优质服务工作的落实。

（三）培训管理

供电所培训内容主要包括安全知识、生产技术、电工基础、营销管理、法律法规、优质服务、职业道德、线损管理、无功电压管理、可靠性管理和计算机操作等。供电所的培训内容要以实用的岗位技能知识为主，辅以必要的理论知识。要根据人员的不同类别和层次，有侧重地安排培训内容。对供电所的"三员"、各专业班长，要以理论知识和岗位知识作为培训重点；对农村电工，要以职业道德、优质服务和实际操作技能作为培训重点。要根据岗位的不同安排培训内容，使培训具有针对性和实用性。

（四）会务管理

供电所工作例会是传达、贯彻上级文件精神，总结工作经验，分析工作中存在的问题，制定整改措施，制订工作计划的重要方式。供电所工作例会可以将月度安全生产分析例会、月度线损分析例会、季度经济活动分析例会、半年民主生活例会和优质服务行风建设例会等合并召开。让全体员工统一思想，全面、及时地了解当前的工作形势和工作任务，认真总结工作中存在的问题，并结合各自的工作经验集思广益，提出解决问题的办法，提高全体员工的工作效率和积极性。

第四节　供电所生产绩效考核机制

一、供电所绩效考核存在的问题

（一）考核内容面面俱到

在制定供电所绩效考核细则时贪大求全，内容多达几十页。由于缺少有效的过程监督，没有时间对照细则逐条考核，执行上大打折扣。

（二）考核细则过于片面

供电所有不同岗位的员工，承担的工作职责和指标也不同，而片面的考核细则会造成对一些岗位考核的内容偏多，对另一些岗位考核的内容偏少，而且容易造成有些岗位长期受罚，有些岗位得分一直偏高。

（三）考核缺乏人性化

考核机制不科学，缺乏人性化管理，如某项工作中出了问题，本应该是体制上或硬件方面的问题，或是某一个员工应该承担的责任，在考核时却"株连"一大片，使本来没有过错的员工也连带受到处罚。绩效考核非但没有起到正向激励作用，反而造成干得多的受罚、不干工作的反倒没有责任，长此以往，打击了部分优秀员工的工作积极性，执行力逐步衰减。

二、建立科学的绩效考核体系

（一）制订可操作的绩效考核细则

对于乡镇供电所来说，考核办法应以100分为基准，科学划分分值权重。主要包含核心指标（权重30～50分）、工作任务（权重40～50分）和日常表现（权重10～20分）3个方面的内容。

1.抓住核心指标

随着SG186，PMS及用电信息采集等系统相继上线，供电所用电信息采集覆盖率、日均采集成功率、电费回收率、"两票"合格率、三相负荷不平衡率、台区电压质量合理率、线路跳闸率、故障抢修到达现场及时率、业扩报装规范率、优质服务投诉率等指标多达几十个。这些指标可归纳为安全生产、优质服务、节能降损、电能量电费、采集运维等五大类。部分指标之间相互关联，如线损指标就有10kV线损率、0.4kV线损率、台区线损合理率、低压同期线损率等，这些指标统计工作量大，且相互关联，若都纳入考核细则，则存在重复考核的问题。因此，对供电所考核应抓好以下几个核心指标。一是采集运维指标，抓好日均用电信息采集成功率和曲线采集成功率。二是降损节能指标，抓好台区线损合理率和低压同期线损率两项指标。三是安全生产指标，抓好三相负荷不平衡公用变压器比率、台区电压质量合理率、满过载公用变压器比率、配网抢修管理指数等。四是优质服务指标，抓好报装接电规范率、服务属实投诉率。五是电费回收率指标。确定核心管理指标后，再确定每项指标的分值权重，根据岗位的不同，将指标分解到每个员工。

2.科学分解工作任务

按照岗位分工，供电所员工都有自己日常的、阶段性的和临时性的工作任务，在制定绩效考核细则时，如果把每项工作任务都具体罗列出来，就会造成细则太过庞大。由于供电所日常工作繁忙，根本没有时间对照细则逐条核对工作任务给定的分值逐项考核打分。因此，在制定绩效考核细则时，工作任务项，可明确为"未按时完成工作任务扣1-N分（具体扣分分值由供电所确定）""工作质量未达到要求扣1-N分"等。

3.严格员工日常表现管理

员工的日常表现包括仪容仪表、劳动纪律、标准作业、服务质量等。员工的工作态度体现着一个单位的精神面貌，因此对员工的日常表现要严格约束，制定绩效考核细则时，可对劳动纪律、仪容仪表、标准作业等设定分值权重。

（二）强化过程监督，按月面对面考核

核心指标的考核，供电所要指定专责按月统计，与计划值对比进行考核，优于计划指标的加分，低于计划指标的扣分（加、扣分分值由供电所员工集体讨论确定），供电所所长审核后报公司审批执行。工作任务的过程监督，可通过派工单进行量化，谁派工谁监督工作质量，月度完成工单超过基准数量（23个工单为基准数量），以每超基准数量一个工单加N分的方式对员工进行奖励。员工日常表现的管控可由供电所所委会成员分工监督，也可由员工互相监督，对发现违反规定的人和事进行记录。供电所管理人员可按员工的平均指标值进行考核。供电所确定考核内容和单项考核奖罚分值后，还要明确每1分折合为多少钱，折算金额的多少可按员工平均绩效工资除100确定。

奖惩办法不能完全替代绩效考核。国家电网公司系统制定的奖惩办法有员工奖惩办法、安全生产奖惩办法、优质服务奖惩办法等，这些奖惩办法大多是对员工违反管理制度的处理，对生产指标完成的好坏、工作任务完成的优劣等没有具体的规定。因此，奖惩办法与绩效考核并不矛盾，可同时使用。

总之，供电所各项制度能够行之有效、不折不扣地得到执行，需要有效的激励约束机制来保障，而绩效考核是否科学、人性化、可操作，过程监督是否到位则是关键所在。

第五节 供电所员工的培训管理

员工是企业竞争力的基础要素，而增强企业的科技创新力和竞争力，就要有科学的教育培训管理。供电企业加强对供电所员工的业务和技能培训的科学管理，不仅有助于其专业技术水平的提升，还能更好地促进企业服务水平的整体提升。

一、供电所员工管理现状

（一）教育培训管理体系未能全面建立

培训工作的针对性、实效性不强，教育培训体系尚未得到有效开发；供电所现有的绩效考核评价粗放，公正性、可操作性不强，激励作用不明显，未能有效激发员工的工作积极性和创造性。

（二）教育培训管理上存在误区

培训单位对培训存在急于求成心理；有些员工对教育培训的重要性认识不足，认为是苦差事而不积极参加培训；一些老员工觉得自己经验丰富，自我满足而不愿参加培训；一些文化底子薄的员工对新技术掌握的能力差，对培训有畏难情绪；一些员工的分析判断能力差，发现不了案例中存在的问题，更不会制定相关的解决方案等。

（三）培训内容千篇一律

培训的内容和形式单一，"干什么、学什么，缺什么、补什么"的针对性不强；培训后不考核，员工没有压力，更谈不上培训的效果入心入脑。

二、存在的问题

（一）教育培训没有真正树立"以人为本"的思想

一些供电所仍强调人适应工作，不重视员工潜能的开发；过分看重物质奖惩作用，忽视了对人的尊重；不重视教育培训工作，培训场地和设备投入不足；虽然认识到了教育培训的必要性，却缺乏完整的人才培养规划，从而使教育培训在实际实施中走样。

（二）教育培训缺乏创新观念

没有树立培训与工作相结合的理念，不能根据岗位职责和工作任务来开展教育培训；培训工作创新能力不强，培训时不能教育员工把被动地接受专业知识转变为主动地提高内在素质，缺少学习与培训相结合的过程。

（三）缺乏培训管理机制和理念创新

供电所人才流动机制和分配激励机制不完善制约教育培训的有效配置；用人机制和历史遗留的因素导致用人制度不完善，部分岗位设置未能真正做到人尽其才；培训中理论授课与供电所工作实际不相符，针对性不强；与时俱进的培训理念不强，不能及时对员工学习新知识、掌握新本领提出新的、更高的要求；终身学习的理念教育不深入，员工知识更新观念不迫切、危机意识不强。

（四）绩效考核不规范影响员工工作热情

分配制度不合理、绩效考核不规范，造成员工对安排的工作任务接受不够积极，特别是技术素质较高、业务能力强的员工更是如此。员工思想上存在问题，极容易造成在工作中发生习惯性违章，特别是在任务重、时间紧、工作量大、天气异常等情况下很容易出现注意力分散等不安全隐患。

三、解决措施

（一）建立适合供电所工作的教育培训运行机制

要保证教育培训的目标和任务真正落到实处，必须建立协调、灵活、高效的运行机制。一方面，制定激励政策，激发员工参与培训的热情。创建学习型班组，对参加继续教育、培训、进修学业优良者或在知识创新、技术创新等方面取得突出成绩的员工要给予表彰。另一方面，健全人才培养和选拔机制，营造竞争氛围，突出学习绩效在竞聘、晋升等工作中的评价作用，引导员工主动参与培训学习。

（二）建立教育培训载体

教育培训必须有实实在在的载体，吸引员工广泛参与，不断增强学习培训的感召力、吸引力。依据教育培训的目标要求，总体设计全员培训大纲，针对不同岗位、不同对象确定不同的主题培训内容。同时，建立网络学习阵地，创造多样化的学习环境和条件，引导员工养成自觉学习的良好习惯。

（三）建立教育培训的战略决策机构

教育培训战略属企业的职能战略，要使教育培训战略更好地服从和服务于企业总体战略，供电企业必须建立一个主要领导担任负责人，教育培训、财务、营销等相关部门负责人组成的教育培训战略决策机构，行使企业教育培训管理的职能。

供电所教育培训工作是一个持之以恒、循序渐进的过程，要把全面学习和重点研讨结合起来，把学理论和学技术结合起来，把培训内容和实际工作结合起来，使员工乐于参与，在教育培训中潜移默化地提高综合素质。通过学习培训，促使员工自发地拼搏进取，奋勇争先，产生强大的团队凝聚力，为企业的发展做出更大的贡献。

第七章　配电线路运行维护

第一节　农网的配电设备运行维护

一、农网配电设备运行维护及检修

对配电设备进行及时检修以及有效的运行维护，可以在很大程度上保障配电系统的平稳运行。在日常的工作中，配电工作人员对配电设备各部分的运行状况一定要进行实时监督，一旦发现问题要立即进行维护，从而保证配电系统的顺利运行。

（一）配电设备运行中的检修和维护的目的

对配电系统中的设备进行及时的检修和维护，有利于增强配电线路的应用性能，使配电线路的运作过程更加稳定，配电设备的运作能力也能得到显著提升，是推进配电线路进一步实现系统化、现代化的关键。但就我国配电系统的现状来说，尚未形成完备的设备检修和维护技术，大多数地区的配电线路都缺少有效的设备检修技术来保证其平稳运行。在配电设备的检修中，更是存在许多亟待解决的问题，如缺乏规范、有效的管理、管理人员尚未意识到检修的重要性、管理人员不认真履行职责并且缺乏应有的专业性等，上述现象致使设备检修技术并没有得到真正有效的应用，而只是浮于表面，极大地影响着配电系统的安全性。供电企业应该追求"安全、稳定、经济"的目标，要促进这一目标的实现，最重要的就是落实配电设备的检修和维护工作。要想真正发挥检修和维护工作的作用，确保配电系统的稳定运行，就需要对配电设备各个问题的发生原因及解决对策进行全面了解。配电设备的检修和维护工作的最终目的，是为了维持各元件和相关设备的热稳定性、动态稳定性和目的，确保各元件和相关设备能够始终处于正常运行中以及为各装置提供良好的运行环境，让各元件的寿命得以延长。

（二）配电设备的检修与运行维护技巧

1.干式变压器的运行维护

在配电系统中，干式变压器的地位十分重要，在电网中起着转变电压和传递能量的关键作用，也能将电气完全隔离开来，还为各级电网以及用户的安全提供了必要保障。干式变压器具有污染小、不易着火和爆炸的显著优点，使其得以在越来越多的领域所应用。

（1）干式变压器的运行

干式变压器在运行过程中会遇到多种问题，最常见的是变压器运行时，由于其内部存在铁磁材料涡旋电流与磁化电感，在内部会引发铁耗。变压器内绕组稳定高于绝缘耐受温度，变压器以及线圈的绝缘层就会出现老化现象，导致干式变压器的使用年限降低，甚至会对干式变压器的正常运行造成不利影响。当干式变压器处于运行中时，配电系统工作人员应该要对其运行温度进行实时监测，确保其始终处于合理范围内，一旦发现运行温度高于设定的最高温度时，就要立刻发出警报，并迅速做出预防工作。在干式变压器的运行过程中，变压器在短时间内出现过负荷工作的状况应该是被允许的，但前提是不能损伤到其使用寿命，超过的符合值不能高于额定负荷值的20%。每时每刻都要对变压器的运行温度进行检测，避免发生因为温度超过限定值而对变压器的绝缘造成影响的状况。

（2）干式变压器的维护

干式变压器的运行状况和使用年限在很大程度上和运行温度有关。在检修和维护变压器时，配电运行人员每天至少要做到3次巡视，每两次检修维护的间隔应该保持在3～6个月之间。配电运行人员应该密切关注空气中存在的颗粒物质和尘埃，因为一旦绝缘表面依附了这些物质，变压器就很难继续保持稳定运行。所以，配电运行人员一定要定期开展干式变压器的除尘工作，并且要仔细检查变压器是否因为过度潮湿而出现放电现象。除此之外，配电人员对变压器运行过程中的温度变化情况也要进行实时监测，还要关注变压器运行时是否出现异响。配电人员每次进行配电设备的检查和维护时，都要确认跳闸系统、风机自动控制系统、温度显示系统以及警报系统的正常运行，一旦发现这些系统出现运行故障时，就应该及时做出应对措施，尽可能将事故可能造成的损失降到最低。

2.直流系统的运行和维护

直流系统在配电运行过程中，起着为高压断路器、自动装置、继电保护装置和信号母线等提供必要操作电源的重要作用。直流系统的基本组成包括充电器柜和蓄电池柜两部分。

（1）直流系统的运行

在配电系统的整体运行中，直流系统占据着至关重要的地位，其直接决定配电系统是否能够正常运行。要想确保直流系统的平稳运行，必须具备以下3个条件：①为直流系统确定一个额定电压值。②参照实际要求，将蓄电池的容量确定下来，保证当交流电源出现被迫中断状况时，依旧可以连续供应控制母线的电力。③确保充电设备的容量和正常负荷电流以及蓄电池浮充电的需要相符合，同时要保证其能够适应均冲以及核对性充放电的需求，还要留出一定程度的冗余度。

（2）直流系统的检修维护

在直流系统中，最容易出现故障的器件就是充电装置以及蓄电池，配电运行人员在日常巡查中为了确保设备的安全可靠，从根源上杜绝安全事故，就必须要进行下列检查：①检查充电器和备用充电器，关注是否存在异响，并要做好该设备的清洁工作；仔细检查显示屏参数和开关位置，检测其是否正常。②要认真巡查蓄电池室的照明、通风状况以及清洁度，保证其和相关规定相符合。③要检查各引线的连接部分，一旦发现存在短路、接触不良或者腐蚀的问题要及时进行处理或清除，并且要注意检测蓄电池瓶的情况，避免发生溢出或者泄露的问题。

3.互感器的运行和维护

互感器在变压器中属于比较特殊的种类，能够参照一定比例把一次回路的高电压和大电流转化成二次回路的低电压和小电流，从而让二次设备和高电压系统保持一定距离，保障工作人员的人身安全和设备的正常运行。互感器有电压互感器和电流互感器2种不同类型。

（1）电流互感器的运行

电流互感器的工作原理是电磁感应现象以及楞次定律，电流幅值的变化是基于一次侧和二次侧线圈匝数的变化而完成的，当一次侧的匝数明显小于二次侧匝数时，电流就可以由大转为小。只有当处于额定的工况时，电流互感器才能顺利运行，一般来说，二次测额定电流是5A，如果实际工况长期比额定工况要大，就一定会加大误差，从而对仪表显示的准确性造成不利影响，加快绝缘老化的速度，严重时甚至有可能烧坏绕组。

（2）电流互感器的维护

配电运行在巡查过程中必须要注意以下几方面的检查，才能够确保电流互感器始终处于平稳运行中：电流互感器是否存在破损、放电问题；电流互感器的接头是否超过正常温度；电流互感器运行时是否存在异响及异味；电流表的三项指示值和规定值是否相符。一旦配电运行工作人员在巡查过程中发现电流互感器的上述方面存在问题，要及时作出科学、合理的应对措施，从根本上杜绝严重的安全事故，为电流互感器的正常运行打下坚实的基础。

（3）电压互感器的运行

电压互感器的制作是基于电磁感应原理进行的，其工作特点类似于电压互感器，在工作电压值高于额定电压幅值10%的条件中也能够保持长期的稳定运行。在运行过程中，电压互感器与电压幅值变压的环节相类似，由于二次侧中绝对不能出现短路的状况，所以又被称为仪用变压器。

（4）电压互感器的维护

配电系统的维护人员在工作中，应该对以下几方面进行重点检查和维护，为电压互感器的平稳运行做出保障。巡查人员要关注电压互感器的绝缘部位是否存在异响和裂纹，清洁度和相关要求是否相符合。一旦巡查人员发现电压互感器存在上述问题，就应该及时反馈，并做出正确的应对措施，以及加以维护，从根源上避免故障的出现，从而确保电压互感器的稳定、安全运行，保障整个配电系统的正常工作。

配电设备的检修和运行维护工作还存在许多亟待解决的问题，需要配电运行人员进行不断改进。工作人员需要进行不断地学习，了解与熟悉最新的维护和检修技术，使配电能源供应质量得到提升，以及进一步加强配电运行设备的安全性，推动整个电力行业的发展。

二、10kV配电设备巡视检查

（一）目前配电网设备运行巡检维护工作中存在的问题

1.巡检维护工作量大，工作效率低

由于配电网设备运行的巡检维护工作是人为进行的，需要对各种复杂因素进行全面、系统的考虑，不仅要对配电网系统的运行方式、配电网设备的工作现状进行考虑，还有对倒闸操作系统运行的安全性、可靠性、准确性、经济性进行考虑，此外还要对配电网的保护、通讯等工作的科学合理性进行考虑，由此可以了解到，他们的工作量比较大，进而也影响了工作效率。

2.维护人员技术水平参差不齐

巡检维护工作人员的自身能力、专业素质对于巡检工作的质量水平具有十分重要的影响。维护人员的工作经验、专业技术能力、专业知识以及事业责任心等方面对于配电网设备的运行巡检维护工作具有十分重要的影响。

3.不能确保供电的安全可靠性

人工巡检维护工作对于配电网设备的停电频率和时间没有精确地控制，可能会导致出现重复停电的情况。另外，没有科学、专业的对相关定量进行分析，导致线路的功率和线路电压方面存在问题。

4.不能保证巡检维护工作的经济性和合理性

由于人工巡检维护工作不可避免地会存在局限性，没有全面系统性的优化过程，不一定能够很好地适用在配电网运行的巡检维护工作中，因此，工作人员的工作是具有可行性的，但是不是最优的，不能有效的保证巡检维护工作的经济性。另外，由于巡检工作量编制不合理，导致检修工作人员交叉工作，会导致工作的错误率，从而也会影响到供电的可靠性。

（二）10kV配电网设备运行巡检的工作要点

采取系统化的巡检方式，会使得对10KV配电网的设备运行巡检维护工作更加科学、有条理，确保巡查内容能够具体、规范，从而有效规避巡查中的遗漏项目。对于10KV配电网的巡检工作要点具体解决措施如下：

第一，做好编号和条形码，这需要根据部门要求进行12位系统编号设置，做出对应的条形码。确保对每一个设备和线路都有一个条形码和编号数据，便于后期的数据录入，从而对整体设备状态进行数据分析。

第二，对每一个系统设备安置上编号和条形码，便于系统对所有设备都能进行监督了解，方便在事故发生时能快速找到设备的位置。系统会通过巡查来提示所有系统设备的运行状态，再每一次的巡查后，都会对每一个设备的运行状态进行自动巡查更新，保障系统能掌控好这些设备的状态，从而完善巡查管理。当某个设备存在问题，在巡查中就会有相关的问题提示。

第三，待巡查结束，要求巡查人员要及时录入系统设备巡查的内容、时间以及设备所处的状况，以便系统在当天就能掌握到巡查状况，为下一阶段的巡查人员提供上一次的巡查数据状态，以便找到巡查参考数据。对于有问题的设备，系统会进行统计分析，方便管理人员安排相关的维护措施。

第四，必须要根据巡检制度和相关条例来开展巡检巡视工作，杜绝巡查疏漏现象，具体对策是采用模块管理来实施巡查，然后将寻常内容张贴出来，方便巡查人员能够看到，从而强化工作责任心，端正工作态度。加强规范巡查。巡检部门要对巡查内容逐一重视，不能有疏漏的地方，并制定出规范化的巡检制度，要求巡查人员根据巡检制度和巡检内容逐一巡查，端正巡检人员的工作态度，保持巡检人员的工作机警性和敏感度，确保其能进行有效的巡查。

（三）10kV配电网设备运行巡检维护内容

1.线路的维护

由于配电网的线路分布比较广泛，并且长期在露天状况下运行，很容易受到不同自然灾害与外力破坏的影响。因此，为了有效地确保配网用电的安全性和可靠性，降低事故发生率，需要对配电线路的运行情况进行定期检查，以便能够了解线路的运行情况，及时发现其中存在的问题。对线路进行维护，主要运用定期巡视、特殊巡视以及事故巡视的方式，着重对线路的沿线情况、杆塔配件、导线、护线、绝缘子、接地装置、拉线、变压器以及防雷设备进行检查。其中，对沿线情况进行检查时，对周围的施工现场进行检查。例如在配电线路周围正在施工的开土方、开山、道路以及化工厂等工程可能出现搭落情况的旗杆、风筝、天线以及金属线等。

2.变压器的维护

对变压器进行维护时，主要检查套管是否清洁，有无裂纹、损伤、放电痕迹油温、油色、油面是否正常，有无异声、异味呼吸器中否正常有无堵塞现象各个电气连接点有无锈蚀、过热和烧损现象分接开关指示位置是否正确，换接是否良好外壳有无脱漆、锈蚀焊口有无裂纹、渗油接地是否良好各部密封垫有无老化、开裂、缝隙有无渗漏油现象各部螺栓是否完整、有无松动铭牌及其他标志是否完好一、二次熔断器是否齐备，熔丝大小是否合适一、二次引线是否松弛，绝缘是否良好，相间或对构件的距离是否符合规定，对工作人员上下电杆有无触电危险变压器台架高度是否符合规定，有无锈蚀、倾斜、下沉砖、石结构台架有无裂缝和倒塌的可能地面安装的变压器，围栏是否完好变压器台上的其他设备如表箱、开关等是否完好台架周围有无杂草丛生、杂物堆积、有无生长较高的农作物、树、竹、蔓藤植类物接近带电体。

3.柱上断路器、重合器和负荷开关的维护

对柱上断路器、重合器和负荷开关进行维护时，主要对断路器的接点、外观清扫、操作机构、指示灯等方面进行检查。检查开关的固定是否牢固、引线接点和接地是否良好，线间和对地距离是否足够，套管有无破损、裂纹、严重脏污和闪络放电的痕迹以及开关分、合位置指示是否正确、清晰等。其中，对断路器的接点是否出现松动情况、断路器的操作机构是否出现缺陷、断路器的分闸与合闸的机械指示灯是否正常亮以及断路器是否出现放电或者电晕情况等进行着重检查。另外，要进行的预防性试验，定期检查。柱上断路器、负荷开关绝缘电阻测量每两年进行一次，大修周期不就超过。

4.配电箱的维护

对配电箱进行维护时，首先对配电箱和开关箱的名称、用途、标记以及系统接线图进行检查，并在配电箱和开关箱的箱门上安装锁，安排专人进行负责。维护检查的人员必须是专业电工，并在检查的过程中严格依据规定穿戴绝缘手套、鞋，运用绝缘工具。另外，在对其进行定期的维护工作时，要将上一级的电源进行隔离，确保开关分闸断电，并放置相关的警告人们的标志，防止出现带电工作的现象。除此之外，还要严格遵循配电箱和开关箱的操作顺序，例如送电操作顺序是由总配电箱、分配电箱到开关箱，停电操作顺序是由开关箱、分配电箱到总配电箱。

5.杆塔、绝缘子的维护

对杆塔进行维护时，主要对杆塔部件是否缺少、杆塔与拉线基础是否稳固以及杆塔是否出现锈蚀情况等进行检查。其中，在对杆塔部件是否缺少进行检查时，要根据巡视结果所提供的检修内容与图纸，增加铁塔角钢、螺帽、螺栓、脚钉、拉线以及拉线棒等部件，保证杆塔设备的完整性。另外，绝缘子作为一种特殊性的控件，其能够增加爬电距离，主要由玻璃或者陶瓷制作而成，在配电网架空输电线路中具有十分重要的作用。因此，对其进行维护时，要注重绝缘子的清扫工作，例如在潮湿的天气环境下，脏污的绝缘子容易出现闪络放电的情况，因此，要对其进行清扫，确保其整洁干净，能够达到原来的绝缘水平。通常情况下，一般环境地区每年清扫一次，污染较重的地区一年清扫两次。其主要有三种清扫方式，分别是停电清扫、不停电清扫以及带电水冲洗。

三、农网配电线路巡视检查

随着农网改造升级工程的不断深入，农网配电线路长度不断增加，网架日益完善。

然而，由于农网配电线路存在路径长、分支多的特点，其中部分无电地区新建线路分布地形复杂，随时可能遭到自然灾害的袭击或人为外力破坏，这些情况对确保电网安全可靠运行和配电线路管理提出了新的要求。

（一）加强配电线路的巡视管理

巡视是配电线路管理的重要工作之一，通过巡视可以发现设备存在的缺陷，并根据设备缺陷的严重程度提出相应的处理方案。提升线路巡视质量可以采取以下办法：

一是以供电所为单位建立线路巡视责任制，按照线路情况，将具体线路、设备落实到每名巡线人员，每名巡线人员辖区内设备由巡线人员负责巡视。

二是建立线路巡视奖惩制度，对线路巡视人员提早发现的缺陷，按照避免故障损失的程度进行奖励，对于线路发生故障并确定因人为巡视未到位所造成的，视严重程度进行处罚，以此提升线路巡视人员的积极性。

三是建立线路巡视标记制度，每月由生产管理部门下发线路巡视标记符号，由巡视人员在指定设备、线路位置上在巡视后进行标记，生产管理部门定期进行检查，以确保线路巡视到位。

四是针对设备情况定期开展事故巡视、特殊巡视、夜间巡视，并结合线路停电情况对部分线路进行登杆检查。对部分线路划分为污秽区、雷击区、覆冰区、舞动区、鸟害区、外力破坏区等，针对不同情况在特定时间、特定气候下增加巡视。

五是完善巡视技术手段，为基层巡视人员配备望远镜、红外测温仪、绝缘子零值测试仪等设备，通过技术设备发现巡视人员用肉眼无法查看到的缺陷。

（二）加强配电线路的检修管理

一是对于线路运行维护工作中发现的设备缺陷，必须记录到巡线记录中。对近期内不会影响线路安全运行的一般缺陷应加强巡视，并列入正常的年度、季度、月度检修计划中安排处理，对危及缺陷要立即进行处理，对于严重缺陷要加强巡视并在短期内进行消除。

二是加强线路检修的计划管理。每次检修停电都力争做到"三结合"，即结合线路上的工程、结合线路消缺处理、结合线路试验与登检，真正做到不重复停电，不无计划停电。对检修的工作内容应根据线路设备的运行情况与缺陷情况、设备定期试验周期、反事故措施要求等进行编制，确保作业内容没有遗漏。

三是加强线路检修质量管理工作，提升设备完好率与一类设备占有率，使线路设备处于完好状态，确保设备可靠运行。线路检修时，应做好消缺方案，坚持"应修必修，修必修好"的原则，并对具备条件的地区开展状态检修。检修作业可采取先进工艺方法和检修机具，可以采用机械进行作业的应尽量采用机械作业，以减少线路停电时间，同时也可确保人身安全。

（三）加强配电线路日常管理工作

农村电网具有点多面广的特点，仅仅依靠运行人员难以保障线路的可靠运行，因此开展群众护线是维护电力线路安全运行的有效措施之一。运行单位应根据护线工作需要，定期召开群众护线会议，确定部分业余护线员，对及时发现线路缺陷的人员要给予相应的奖励。定期开展农村护线常识以及安全防护知识宣传，有效提升线路安全水平并防止农村触电事故的发生。

线路管理应加强接地的检查和测量、杆塔倾斜的扶正和拉棒锈蚀检查，定期对架空线路交叉跨越情况进行检查和测量，通过技术手段保障线路的可靠运行。

加强配电线路资料的管理，完善设备台账、设备接地电阻测量记录等基础资料，对线路上的开关、电容器等设备要做好档案管理工作，对于巡线记录等，要定期进行整理，以备需要时可以及时查阅。通过这些基础工作可以有效提升配电线路的日常管理水平。

四、配电房设备运行常见故障类型和处理

（一）配电房设备运行概述

在电力系统运行中，配电房是供电过程的关键环节，其中的配电装置不仅承担受电任务，同时还承担着配电任务，对于输配电运行可靠性具有重要影响。当前，各个企业的发展都离不开电力供应，如果切断电源，不仅会给企业造成财产损失，同时也会影响到社会的稳定发展。由此可见，电力供应是关乎国计民生的大事，应当采取合理措施加强配电房设备管理。

配电房系统运行具有一定的复杂性，由此也就导致配电设备容易出现故障，从而影响到电力供应，对此，明确配电房设备的常见故障，并熟练掌握处理故障的措施就显得尤为重要。对于配电房设备故障处理，值班人员首先应当采取措施控制事态发展，找出故障根源，并及时解除故障，以将故障影响降到最小。

（二）配电房设备常见故障

1.配电设备三相故障

（1）配电设备三相负荷不平衡

这种故障现象是在电力系统中，三相电流有着不一致的幅值，并且它们之间的幅

值和规定范围存在着差距。在这些年的使用中，这种故障经常出现，这是因为单相负荷占据着电力负荷的绝大部分，并且在负荷方面有着较大的变化，那么很容易出现配电变压器三相负荷不平衡的问题，促使三相运行无法对称，导致零序电流的产生，这样会造成两方面的不利影响，一方面是增大变压器的损耗，另一方面是变压器的有效容量得到了降低。

电力附近居民用户会受到不稳定电压和电流的严重影响，主要体现在以下方面：一是变压器的出力会得到降低，对于配电变压器的安全产生不利影响，缩短使用寿命；二是增加电动机定子的铜损，导致制动转矩的产生，这样电动机的过载能力以及最大转拒就会受到影响；三是对发电机运行的安全性产生不利影响；四是输电线路的损耗会得到增加，据相关的资料表明，每降低10%的电压，就会增加17%的线路损失。并且，在低压配电线路中，计算机的正常工作也会受到影响，缩短照明电灯的寿命，还有可能会损坏到电视机。

（2）单相接地故障

这种类型故障的现象是如果发生了完全接地，电压表三相指示会存在着很大的差异，并且接地相电压为达到零，或者是接近于零；升高非接地相电压，并且维持很长一段时期。如果出现的接地故障是间隙性的，那么接地相电压的增加或缩减会不稳定，不断变化，非故障相电压有时会正常，有时会忽大忽小。如果出现的是弧光接地故障，会在很大程度上升高非故障相的相电压，甚至可以达到额定电压的3倍以上。

2变压器故障

（1）变压器在运行时，有异常声音出现

这种类型的故障在近些年的运行当中，比较容易出现，故障的现象是变压器在运行过程中，内部产生了很大风响，甚至还会有爆裂声出现，或者是严重破坏到了变压器套管，闪烁现象以及放电现象也随之发生。

（2）内部绝缘损坏短路故障

如果出现了短路问题，则会导致变压器内部出现短路故障；此现象主要是由于喷油、高温烧损等存在于变压器内部，变压器内则有焦味产生，并且油色变黑，在试验检查时，绝缘电阻非常不稳定，存在着忽高忽低的问题。

（3）雷击损坏

通常情况下，高压侧出现了绝缘击穿放电问题，很容易引起配电变压器的雷击损坏，导致单相接地故障的发生，严重的话，还会出现一些其他的问题，比如相间短路的发生等；出现了雷击损坏的故障，我们可以非常清晰地看到有损伤以及涨鼓等问题存在于变电器的外部，并且绝缘电阻也明显降低。

（4）铁心多点接地

故障现象，由于下夹件支板和铁心柱的机械距离满足不了要求，那么在运行过程中，变压器遭到了冲击，铁心出现了位移问题，相碰产生，导致铁心多点接地的产生。另外，有异物存在于夹件和铁心之间，也会导致这种故障的发生。

（三）故障的处理方法

1.三相故障处理

（1）平衡三相负荷

对于配电房平衡三相负荷的管理，应当注重严格按照标准规范进行布线设计，并根据实际情况对三相负荷进行合理分配，如果现有变压器不能够满足要求，则要根据设备运行情况增加相应的电源供应，以保证变压器的稳定运行。如果变压器出现故障，则应当从布线开始检查，包括线材型号选择、电能计量及分配等都要严格检验，重新进行线路布置，以免再次发生同样的故障。此外，配电房的日常运行还应当加强维护与管理，确保线路运行能够保证稳定性和可靠性，从而提升电力供应水平。

（2）单相接地处理

逐条拉闸试验变配电设备的所有供出线路，如果有重合闸装置，可以依次拉开各个线路断路器；如果没有故障存在于这条线路上，就送上重合闸装置；如果没有重合闸装置，就可以采用人工的方式来进行操作；如果某条线路的断路器断开之后，绝缘监察和仪表恢复到了正常状态，那么就说明有接地故障存在于本条线路中。查出接地点之后，如果是一般性的负荷线路，需要进行必要的检修，检修之前，需要进行切除；如果线路带的是主要负荷，并且供电不能够由其他线路来替代，那么需要通知相关的部门，让其做好停电准备工作，之后才能够进行检修工作，需要注意的是，检修之前，需要进行必要的切除。

2.变压器故障处理

（1）声音异常处理

要将变压器的运行立即停止，之后进行必要的检修工作。通过总结分析我们可以发现，有很多的原因都会造成这种故障的产生，如变压器内部接触不良、绝缘被击穿，这样就会导致放电现象的声响问题发生；如果出现了套管放电，并且闪烁的问题，则是因为有裂纹存在于套管中，或者是损坏到了套管表面，也可能是套管出现了破损的问题。

（2）内部绝缘损坏短路故障处理

在配电设备保护方面，既有防雷电装置，又有防短路装置，而高低压熔断器则保护着短路故障，如果选择了不正确的熔丝，那么出现了低压线路短路的问题，故障线路就无法有效的断开，从而损坏到配电变压器。配电变压器长期处于负荷的状态，就会加速绕组高温内部绝缘的老化速度，影响到绝缘油质，在遭受到外部短路冲击时，很容易导致内部短路故障的发生。另外，配电变压器内部绝缘出现了严重受潮的问题，那么在过电压作用下，就会击穿绝缘，出现放电，导致短路问题的发生。

（3）雷击损坏处理

如果安装的避雷器不合格，或者使用的避雷器是失效的，那么防雷保护作用就无法发挥出来。配电变压器选取了不合格的地网，有着较大的接地电阻，接地电阻超出规定值可能是因为安装之后，忘记了测试造成的，也可能是使用年限较长，出现了严重的锈蚀问题造成的。

（4）铁心多点接地处理

因为在电厂中存在着金属构件，比如铁心、夹件等，那么如果铁心接地不可靠，将会有悬浮电位产生，引起绝缘放电。因此，就需要保证铁心可以一点接地，这样就可以短接铁心和大地之间的寄生电容，促使铁心处于零电位。

五、农村配网线路缺陷管理

随着电力事业的飞速发展，许多新技术、新产品、新工艺得到不断的应用，也逐渐暴露出了供电所员工业务能力与当前的科技发展水平不相适应，配网线路缺陷维护管理脱节，隐患不能及时得到发现与处理的问题。因此，加强农村配网线路及设备缺陷维护管理已成为供电企业关键而又紧迫的课题。笔者结合工作实际对加强农村配网线路及设备缺陷维护管理认为做到以下几点。

（一）提高农电员工业务知识水平

结合农村配网生产运行维护实际，搞好农电员工技术培训和岗位练兵，不断提高运行维护人员的业务技术水平。农村配网线路运行维护管理的好坏，与农电员工自身业务知识水平是密切相关的。因此必须加强农电员工对新设备、新技术、新工艺及运行规程的培训，使其掌握设备的运行方式和特点，能够正确判断问题、分析问题、处理问题。

（二）定期巡视

定期对农村配网线路及设备进行巡视是保证线路及设备正常运行的前提。供电企业应结合当地气候条件、环境状况及线路设备运行情况，确定巡视周期，制作标准巡视卡，并划分巡视人员责任范围。供电所巡视人员必须由经过系统培训、责任心强、熟悉线路设备运行状况且有一定经验的人员担当。巡视人员对线路通道情况、设备运行状况进行巡视与观察，发现线路下方或附近有新建房屋或其他构筑物应及时上报，并准确记录缺陷内容。缺陷内容是供电所组织计划检修的关键，巡视人员应根据现场所发现的缺陷正确填写记录，而且必须用文字和数据对缺陷内容进行描述，同时可对重大及以上缺陷进行录像或照相，以便于供电所技术人员正确分析、判断缺陷。巡视人员若发现紧急缺陷应立即向上级汇报，而且要说明需要的材料和工器具，确保供电所能够有效地组织抢修或处理。

（三）缺陷定性及检修计划管理

供电所应每月对辖区内配网线路及设备缺陷进行统计汇总，建立缺陷数据库。供电所对巡视人员的缺陷记录应进行逐一核实整理，并参照配网线路运行规程或供电企业制定的缺陷管理标准对缺陷进行分类定性。缺陷性质分3类，即一般、重大、紧急缺陷。一般缺陷，是指对近期安全运行影响不大的缺陷，可列入年、季、月度检修计划中消除。重大缺陷，是指缺陷比较重大，但设备仍可短期继续运行的缺陷，应在1周内处理，消除前应加强监视。紧急缺陷，是指严重程度已使设备不能继续安全运行，随时可能导致发生事故的缺陷，应立即组织人员抢修、及时消除。若因其他原因不能在24h内处理，应采取必要的安全技术措施进行临时处理，并同时向主管部门汇报。对紧急、重大缺陷必须组织技术人员到现场查勘核实，制定相应的处理方案。对需停电处理的一般缺陷应纳入停电计划检修管理，同一条线路的缺陷应统一安排集中处理，这样可减少停电时间和次数，提高供电可靠性。对可不停电处理的一般缺陷，供电所可结合本所工作实际，尽可能当月安排处理，使缺陷消除率达到100%。

（四）严把工艺质量关，并做好资料归档

缺陷处理必须确保检修质量，达到检修效果。缺陷处理结束时，工作负责人应组织相关人员认真按照技术规程和运行规程进行验收，严把施工工艺质量关，防止缺陷处理不彻底或引发新的缺陷。缺陷巡视与处理记录应当月进行整理归档，记录记载巡视线路及设备的名称、巡视时间、缺陷内容、巡视人、计划处理时间或方案、处理人及处理的相关手续等。相关手续包括工作票、操作票、事故抢险单、派工单编号等，便于供电所统计缺陷的消除情

况。对未处理的缺陷应说明原因或计划实施方案，并单独汇总，使缺陷形成闭环管理。

（五）制定相应管理考核办法

地（市）级供电企业应结合当地农村配网运行状况制定配网运行维护管理考核办法，并下发配网运行考核指标，严格考核，切实做到以制度管人。县级供电企业应结合上级部门的相关要求，制定配网运行维护考核细则。

缺陷管理是日常运行维护管理的重要内容，供电企业要制定切合实际的缺陷管理制度，对缺陷的发现、记录、定性、汇报、消除等各个环节必须明确责任。加强农村配网线路及设备缺陷的维护管理，尽可能使缺陷消除在萌芽状态，降低线路及设备故障报修率，才能有效保障线路及设备安全可靠运行，全面提升农村配网供电质量，让社会满意，用户满意。

第二节　配电网的运行维护

一、配电网设备状态检修与运行维护

（一）配电网检修的意义

人们对用电的需求逐渐增大，配电网的相关设备进行检修的实质性内容也变得形式多样。实际上配电网的检修维护还是为了检测相关用户的用电稳定性以及安全性，并以此去判断现代新型配电技术的实效性。在这其中，配电检修的实际内容不仅仅包括对相关设备安装期间的安全性检修维护，同时还会检测影响设备运行的安全性因素，从而高效提升设备运行的安全实际性能。

（二）配电网检修的内容

依据不同的检查对象，将相关的配电网络设备检修项目列为：诊断性、巡检以及例行试验这样三大类。诊断性的实验其实是在例行试验以及巡检这两项实验的理论基础上进行的，其检验目的就是为了能够进一步对相关的配电设备进行运行状态的评价，从而有效保障配电设备的正常状态；例行试验是在一定周期的限制下对相关的配电设备进行实际检测，尤其是在对特殊用户进行检修维护是，应该结合实际缩小检修范围，缩小检验周期，以保证相关设备的稳定运行；巡检的主要内容是对相关的配电网络进行状态量的检验，因为其具有特殊性质，所以在相应的巡检过程中，必须要严格的遵守政策理论规定，一定要在政策规定的范围内进行一定的检测或者创新检验，以此保障配电设备的稳定运行。

（三）配电网设备运行维护工作中存在的问题

1.PMS系统状态评价模块有待完善

在正式运用PMS系统配网设备状态之后，其充分发挥了评价准确性高、评价速度快以及操作简单等优势，获得了配网运检人员的一致好评。但因配网设备本身的数量非常大，并且配网设备的种类也非常多，同时因其实际运行的时间相对较短，故存在在实际运行时，经常性出现流程中断的现象，给评价工作带来了诸多阻碍；个别评估报告中所显示的单元状态和设备规模，与实际评价结论存在出入等问题。

2.信息收集难度大

在状态检修期间，应当落实历史数据的备份与保存，才能够确保设备各项信息在全寿命周期时间内，更加的准确和完整。但是由于配备所涉及的范围较广且点多，更新速度非常快，且数据量也较大，而部分地区设备资料管理不规范、标准化程度不高，使得其历史数据和基础信息保存不完整。

3.设备运行维护项目范畴广，效率低下

对配电网设备的维护主要是由人工来进行操作的。因此，在对配电网设备进行运行维护时，不仅要考虑设备的运行方式、电网的保护情况，而且还应加强和其他工作之间的协调，在一定程度上给相关技术人员的检测带来了一定的难度，降低了对配电网设备进行检测的效率。

4.对设备进行维护的工作人员专业技术缺乏，降低了维护的速度和准确性

由于对配电网设备的检修主要是由人工来进行操作的。因此，相关维护人员专业水平的高低就在一定程度上决定了对设备检测的有效性。若相关维护人员在对设备进行检测的过程中，缺乏较硬的专业技能和丰富的工作经验，则在一定程度上降低了对设备进行维护的准确性。

5.缺乏对配电网运行维护中供电可靠性的控制

人工对于维护时间缺乏一定的准确性以及缺少较为科学的维护体系等问题，都在一定程度上提高了配电设备的停电频率，进而也就无法满足人们对于电量的需求。

6.缺少对设备运行维护工作的经济考虑

当人工对配电网的设备状态进行检测时，设备检测的效率较易受人工失误的影响，进而也就降低了设备运行的稳定性，给电力企业的发展带来了一定的经济损失。

（四）配电网设备状态检修及运维技术对策

1.选择典型线路进行人工评价

采用PMS状态检修辅助决策系统之后，很大程度上提升了评价的准确性和效率，但因该系统在实际运用过程中，跳过各种步骤，直接给予相应的评价结果，使得一线人员很难通过评价结果理解配网状态。就该情况，选取典型架空线路，根据分支线与主干线线段，再通过柱上设备单元来实现评价。在进行设备状体的评价时，应当结合例行试验、巡检、带电检测、诊断性试验以及不良工况等状态，其中包括量值大小、现象强度与发展趋势，并结合其他同类型的设备来进行综合比较，从而给出更加客观的判断。根据相应的评价标准，各单元即可对状态实施准确的评价，并在各单元所获得的评价结果的基础上，再从整体来做出相应的评价，即对设备实施逐条、逐项的手工评价，再由相关人员根据其实践和理论能力来做出综合判断。环网单元、箱式变电站等同样可按照上述方法来进行。

2.提高PMS配网设备台账准确率

在状态检修中，信息的收集可以说非常关键的环节，是拟定检修计划和状态设备评价的基础。在信息收集中，必须对设备投运、制造、检修、运行以及试验等各个环节的综合判断，同时对投运之前的运行信息、基础信息、检修信息等相关资料进行整合，总结出设备以往情况，为设备的评价奠定基础。

由于配网设备具有更新速度非常快，设备数量非常大的特点，针对改造工程和新建工程，在其初期就必须对设备的相关资料进行收集整理，并对PMS系统中存在的相关台账数据进行完善和更新，同时针对产权归属、投运日期、生产厂家等字段进行重点核查，确保其台账准确率能够达到99%。

3.电容器状态检修

在配电网运行的过程中，电容器起到了至关重要的作用。但是，由于电容器在配电网的运行过程中，使用频率较大，因此其发生故障的几率也随之变大。因此，应加强对电容器设备的管理，不断检测电容器设备日常运行的参数，与额定的安全范围做对比，从而及时地找出电容器所存在的故障隐患，有效降低电容器发生故障的概率。

此外，在对电容器设备进行检测时，还应注意观察电容器中电阻值的变化情况，当电阻值有明显的增大现象时，则表明电容器内部出现了一定的异常情况，应立即断开其局部的电路，从而换取较为匹配的元件，以此促进电容器的正常运行。

4.缩小停电范围

为了提高对配电网设备进行检测和维护的效率，应制定较为完善的配电运行检修制度，进而定期对配电网络进行检修，及时排除配电网络所具有的安全隐患，进而不断地提高配电设备运行的稳定性与安全性。因此，应运用一定的联络开关，在一定程度上有效缩小停电范围。

因此，可以采用一种新型的柱形SF6触点开关，进而利用其结构简单、安装便捷等特点，来降低故障对配电设备的影响，不断地缩小停电范围。此外，运用一定的触点开关对于提高设备运行的稳定性还具有至关重要的作用。

5.互感器状态检修

感器是配电网设备中的一种主要器件。而加强检修互感器的运行状态，可有效降低配电设备发生故障的几率。当互感器出现故障时，会在一定程度上降低配电设备的运行效率，影响了配电网控制任务的有效完成。因此，在对配电设备进行运行维护时，一定要掌握科学有效的运维管理方式，促进检测任务的开展。

设备在运行的过程中，运行声音的有无在一定程度上表明了设备中元器件是否发生磨损的情况。因此，在对配电网设备进行运行维护时，一定要加强观察运行设备是否存在声音，进而及时找出磨损原因，并采用较为科学的手段对其进行调试，以确保设备运行过程中的安全性。此外，相应维护人员在进行设备的检修过程中，还应注意检修互感器是否出现过热、破损以及放电现象。

6.将配网状态检修与配网建设标准化结合

通过配网状态检修工作的深入开展，加强配电网建设改造与新建住宅供电工程管理，规范供电方案的编制，提升供电服务水平，保障供用电安全，建设安全可靠、技术先进、保护环境、标准统一、运行高效的配电网。

随着人们对用电需求的不断增大，加强研究与分析配电网设备状态的检修与运行维护对于提高设备运行的稳定性以及促进我国电力系统的正常运行都具有至关重要的作用。因此，应从电容器状态检修、缩小停电范围以及互感器状态检修等方面来不断的提高对配电网设备检修和运维的效率，以此来不断提高设备运行的稳定性。

二、配电网的运行维护和管理

（一）配电网的运行管理概念和意义

对于配电网来说，主要就是结合不同用电量的需求，进行配电网系统的合理分配，在具体的操作中，应该根据电压实际情况进行分配，满足电网中每个用户的需求，这对于电网系统来说非常重要。如何高效管理配电网具有重要意义，如果管理得当能够大大提升电力企业的经济效益，还能保障每个用电户所需求的高质量供电要求。飞速发展的社会经济中，各行各业的人们对于配电系统有着越来越高的要求，在实践的配电网管理中存在或多或少的问题。要想保障供电系统的稳定性要求，就应该重视配电网的运行管理模式，同时，提升配电网管理水平，一方面能够保证电网的安全稳定运行，改善电力系统的运行模式，另一方面，还能满足当前的节能减排的要求，避免能源浪费，为企业获得更大的经济利润，也提升企业的核心竞争力，有利于推动社会经济的向前发展。

（二）配电网管理工作中存在的问题

第一，网架结构的构造不科学。在配电网管理工作中，电网的架构十分必要。在当前的配电网网络中，配电线路的损坏率比较高，在实际建设和规划中，总体发展水平较为落后，技术体系不够科学，在配电线路设计工作中，无法确保其满足一定建设需求，用户达不到工作的稳定开展。在这些情况下，配电线路将产生较高损耗，引进的科学配电网体系，尽管能达到电力系统的安全稳定运行，确保电能利用效率的提升，但是，在一定程度上也将增加其成本，无法确保用电的顺利发展。

第二，配电网供电形式不合理。在整个配电网体系中，其存在的部分为单电源、单回路等模式，无法促使配电网的安全运行，达不到整体的稳定发展。在整个配电网中，当其中的一个区域产生故障，将达不到工作的整体运行，在这种情况下，将引起故障。更为主要的是，在对其存在的一个小故障进行检修的时候，需要对整个电力系统进行断电。对于其存在的问题，由于配电网的供电模式不科学，将发现配电网的电压不平衡，引起各个问题的产生。在大多数发展情况下，供电线路是较长的，所以，在供电线路的首端，其用户的电压高，线路的末端用户电压比较低。在这种情况下，发现配电网的供电模式不科学，不仅无法促进配电网设备的安全稳定运行，也将加大设备损耗，达不到供电质量的提升。

第三，配电网设备管理工作不专业。在配电网系统中，其存在的配电设备安装工作都是在室外进行的，达不到工作的全面防护。当在设备实际运行的时候，如果面临的环境较为恶劣，将导致设备的应用寿命缩短。要在这种发展情况下，为其提出专业化的防护措施，将花费大量的资金和专业技术。在完成配电网设备安装工作后，如果没有发现其存在的明显故障和问题，电力企业将达不到有效保养和替换，从而在配电网设备应用下，其折损率逐渐提升。对于电网的配电人员，在测试和维护工作中，由于配电设备的应用性能比较低，受到不同程度的影响，无法提高设备的使用寿命。

第四，配电网工作流程不完善。在我国的配电网管理工作中，其存在的管理队伍专业水平较低，其使用的管理方式较为落后。在对各个信息进行管理的时候，缺乏科学手段的应用。同时，人员的管理意识不足，缺乏专业的管理人员，在人员分工中不够明确，无法促进管理效率的提升。在日常工作中，要对配电网进行维护，没有按照严格的标准制度、流程有序操作，受到人为因素的影响，将带来误操作和故障。在对配电网实际管理的时候，多是依靠人为方式进行操作的，缺乏先进自动化、信息技术和设备的应用，达不到流程管理工作的科学化发展。在这些问题影响下，为了达到配电网运行和管理问题的解决和控制，需要在其间提出有效的实施措施，确保配电网的安全稳定运行，保证整个工作的科学管理。这样在总体建设与发展下，才能达到配电网的充分应用，也能确保现代化经济效益和社会效益的综合获取，保证符合现代化社会的建设与发展需求。

（三）配电网的运行管理

1.提高配电网配电设备质量

配电设备材料质量是影响电网运行安全性的关键因素，电力工程发展迅速，配电网规模越来越大，涉及的范围越来越广，配电网出现故障的一个重要诱因就是由于配电设备材料的质量问题造成的。配电网建设过程中对各种材料的质量要求很高，例如变压器、电缆、继电器等，必须要满足配电网的要求，尤其是要对设备的载流量、动热稳定性等参数进行考核，确保这些参数满足设计要求。另外，由于现阶段配电网的建设规模不断扩大，农村地区的配网线路建设也越来越完善，有的地区环境条件比较恶劣，为了提高配网运行水平以及运行过程中的安全性，在线缆的选择过程中也必须要加强对线缆质量的控制，选择满足要求的线缆，防止由于线缆质量较差引起的漏电、电能损耗等问题，确保配电网正常、安全运行。

2.设备和线路的安全维护

第一，在对配电网进行维护和管理工作中，为了达到其运行服务水平的提升，在一定发展下，需要配电网的检查部门执行24小时的轮班制度，保证在第一时间内对产生的故障有效维护，保证在最大限度建设下，减少实际的停电时间。第二，要为其制订有效的检修计划，保证能对配电设备、供电线路检修分析，结合实际情况提出合理计划。在具体检修的时候，不仅要将配电网运行中存在的杂物清除掉，还需要对避雷器、绝缘设备的实际运行状况进行监测，在该发展和建设下，不仅能避免设备故障的产生，也能促进线路的安全、稳定运行，以达到整个线路更可靠。第三，加强对配电线路末端漏电保护装置的安装和维护，避免个人的用电故障，以免给整个线路的停电现象带来影响，也能减少平均的停电时间。

3.完善运行维护制度，加强事前控制

事前控制是提高配电网管理水平的重要内容，指的是在故障发生之前就做好预警，做好设备的维护与管理，减少设备使用过程中的各种质量问题、安全问题。加强事前控制主要从几个方面着手：第一，在配电网运行过程中要提前做好风险预估，配电网运行过程中极有可能受到外界环境的影响，而出现各种故障，对此，相关管理部门必须要积极做好风险预估，对于配电网运行过程中可能出现的各种故障进行预测，并且制定完善的应对方案，一旦在配电网的运行过程中出现了类似问题，都能及时按照应对方案进行解决。第二，做好设备巡视与维护。在配电网运行管理过程中，配电设备的性能是管理的重点，必须要积极加强对配电设备的巡视、查看，并且做好巡视结果记录，将配电网运行维护过程中的问题记录下来，对配电设备的运行状态进行记录，以便技术人员开展维修管理。

4.对配电网的非正常运行进行维护

配电网实际运行中，也存在一些非正常运行现象。在对其管理的时候，需要对配电网的实际运行进行监控，分析存在的不正常情况，保证在很大程度上能达到有效的分析和研究。当获得这些信息后，用户可以将其上报给保修站，并在巡查和检修的时候分析问题和发现问题。因为非正常的运行状态为配电网运行中的供电隐患，无法保证其安全运行。在对配电网的风险实施预测和管理的时候，配电网系统中也会导致一些问题的产生，各个元件的故障发生概率将不断提升，其具备的危害性较大，结合故障的分析和探究，需要预先提出合理对策，以达到整体的安全控制。

5.加强对配电设备的信息管理

在配电网实际运行和发展下，需要对存在的信息资料等进行维护。由于其存在的内容比较多，在进行记录的时候也更为复杂，所以，工作人员要按照我国的建设标准，对信息资料详细分析和整理，促进信息资料的有效控制，保证整体的安全处理。还需要注意的是，要对电网中存在的信息进行采集、更新，确保设备信息的合理获取，尤其是一些非实时性数据，其存在的可能误差较大，针对一些容易出错的信息和方案，将其应用到配电网中，将带来较大安全事故。在这种情况下，不仅能达到信息管理水平的提升，也能使工作人员在执行和开展中，对其充分应对。

6.建立健全的组织机构，强化运行维护管理

在配电网的建设与发展过程中应该要建立健全的组织机构，完善指标管理体系，协调运行维护管理工作。在配电网管理过程中可以实行分级、分线路、分配电台区等方式进行管理与考核，各级人员都要明确责任、明确指标、明确工作任务，将具体的责任落实到具体的人员身上，通过层层落实的责任制度，严格考核工作情况，根据制定好的奖惩措施对工作人员进行奖励和惩罚，将配电网运行维护管理的成效与员工的工资、奖金等直接挂钩，实现月度考核、季度考核、年度考核，并且对考核过程进行严格兑现，使得供电所的管理有章可循，将运行维护管理工作落实。

第三节 配电线路的运行维护

一、配电线路在线故障识别、诊断和定位

配电线路施工时需要坚持以人为本的理念，以人的生命安全为首要考虑因素，合理控制配电线路的质量工作。在配电线路中受外界因素影响，常会造成线路停止运行，甚至造成大范围停电，因此，需要及时处理配电线路运行中的故障，保护用户的经济利益，将不良影响降到最低。这需要加强对配电线路的在线故障识别与诊断，保证配电线路的质量与安全意识。

（一）配电线路在线故障识别

1.配电线路在线故障

电力系统中，配电线路非常复杂，一旦出现线路问题就会造成大量的人力、物力浪费，影响工厂、学校等的生活、工作用电，这在无形中就会造成社会损失。因此，电力工作者需要认真查找和排除故障，而这个过程耗时比较常，特别是在发生停电故障后，人工查找故障点的时间要远远大于故障的处理时间，这在无形中更造成了更大的损失。在配电线路出现故障时，工作人员通常采用盲目巡线或是分段排查查找故障点，对于较长的线路在排查故障时常常需要1～2天的时间，这样更会延长停电时间，降低供电可靠性。电力工作者需要尽可能地缩短查找故障地点消耗的时间，排除故障，以最短时间挽回经济损失。

在配电线路运行过程中最容易出现的在线故障便是短路与单相接地故障。在发生短路故障时常会伴随明显的电流变化，这样就很容易检测出来。单相接地故障与短路故障不同，之所以会发生这类故障，是由于硅橡胶绝缘的氧化锌避雷器被击穿，而这种氧化锌避雷器击穿后是很难从外表观察出来的，因此，单相接地故障的检测相对较难，要求线路故障检测者更为细心地观察。

2.配电线路在线故障的识别

（1）配电系统中的高阻故障

在架空线路出现断裂或是与高阻抗的地面或其他物体接触时，就极易出现高祖故障，这也是目前出现最为普遍的配电线路在线故障。在架空线路断裂后极易与周边的树木发生接触，引起短路。在发生高阻故障时产生的电流

较平时直接接地出现的短路电流更低，这样一来，传统的电流保护检测方法就很难满足高阻故障的识别，而配电系统中发生高阻故障就会影响电力系统的正常运行，如果情况严重还会造成人体触电或是火灾等。

（2）配电系统中的间歇性故障

配电线路间歇性放电，同时伴有弧光等情况的故障属于间歇性故障，这种故障同时还具有瞬时性和重复性的特点。一旦配电线路出现间歇性故障，就极有可能工几秒的间隔故障时间延长至几天，并且故障具有一定的随意性，因此，在发生间歇性故障时要进行及时的排查识别，分析故障发生的原因，做到及时有效的维护。如果识别与维护不当，就会使其演变成潜在的安全隐患，危及电力系统的安全运行。

（3）配电系统中单相接地故障

单相接地故障是电力系统运行过程中最容易发生的，但同时也是最难识别的故障类型。暂态过程中包含丰富的故障信息且不受接地方式的限制，因此，在发生单相接地故障时，需要对暂态过程进行分析。在识别单相接地故障时需要合理掌控电容电流的暂态分量，这样更有利于电力系统的运行。

（二）配电线路故障的诊断系统和在线诊断

1.配电线路故障的诊断系统

（1）基于HHT方法的故障诊断系统

配电线路故障的判断需要通过状态信号的检测，而故障诊断系统的首要工作就在于故障状态信号的检测，检测信号时通常分为五步，测取信号、调理信号以及采集有效数据，通过这些步骤便可以完成故障信息的准确处理，而后再对信号进行特征抽取，通过初始信号的检测，可以将其转换为待检模式，最后进行信号状态的识别。基于HHT方法的故障诊断系统可以对故障进行准确的分析，并以原有数据为基础，建立较为完整有效的新型数据库，通过待检模式与基准模式的相互比较对故障信息进行判断，确定配电线路的运行状态。在明确配电线路的运行状态与故障信息后，对预报做出决策处理，分析故障发生的原因，并针对原因进行配电线路的维护。

（2）配电线路故障的诊断系统

配电线路在线故障诊断系统在运行时首先对配电线路进行检查，在排查出问题所在后，采用先进的科学技术对故障原因机械能分析，并利用HHT方法对故障进行分类整理，这样更有利于电力工作者全面正确分析故障原因，提出故障解决的有效方法。在确定故障后就需要对故障点进行定位，配电线路中安装的传感装置会在故障分类后的信息进行分析处理，这样可以更为精确地确定配电线路的故障点。最后根据故障原因与故障点的情况，采用有效措施解决配电线路的在线故障，使电力系统能够安全稳定运行。

2.配电线路故障的在线诊断

在明确配电线路在线故障识别方法后，需要根据故障发生的特点对故障进行诊断，明确故障发生的原因，进而采取合理有效的维护措施，解决配电线路的在线故障。目前，最为常见的配电线路在线故障诊断方法有四种，分别是监测定位、被动式定位、主动式定位以及智能定位。

（1）监测定位

配电线路在线故障的监测定位指的是利用分支探测器，对配电线路经常发生故障的地方进行监测，根据配电线路中电力参数的改变情况分析故障点，一旦探测器监测显示零序电力，那么这个监测到的位置就是故障点。配电线路的监测定位虽然可以诊断出故障的位置，但是这种技术相对复杂，电力工作者难以完全掌握，并且监测定位的成本也比较高，而后的维护方法也比较繁杂，因此，在进行配电线路的在线故障诊断时通常不采用监测定位方法。

（2）被动式定位

配电线路的被动式定位诊断故障指的是采用区段查找法、行波法、阻抗法三种方法进行定位查找故障点。区段查找法主要是利用配电网自动化设备监测配电线路的电气信息，判断故障发生的区段，这在一定程度上缩小了故障的范围，有效缩短了故障诊断的时间。行波法的诊断具有较高的准确性，但是很难控制。阻抗法相较其他两种方法更易受到路径阻抗、线路负荷等的影响，但是这种方法的投资较少，应用较为广泛。

（3）主动式定位

主动式定位诊断有三种，分别是S注入法、中性点脉宽注入法以及交直流综合注入法。在采用主动式定位诊断配电线路故障时，首先要确定故障的发生，而后利用信号确定故障点，这里定位精确度最高的便是S注入法，中性点脉宽注入法在进行监测时具有一定的危险性，交直流综合注入法则无法有效监测故障的发生区域，且耗时耗力。

（4）智能定位

配电线路的智能定位诊断法是对配电线路故障的投诉信息进行收集，并对收集信息进行分析，最终确定故障发生的位置。智能定位方法采用SVM和计算机网络技术逐渐缩小故障的发生范围，这就要求技术人员具备一定的检测技能，能够熟练运用智能定位技术对配电线路故障进行诊断。

（三）配电线路故障定位

1.传统模式下配电线路故障定位技术

（1）根据工作经验进行定位

在对配电线路进行维修时，常见的一种故障定位方法是，由那些工作经验丰富的员工，根据电路的工作状况，对配电线路的故障进行分析和判断，然后再检查疑似故障点。这一方法的应用对工作人员的专业技术水平有着较高的要求，需要浪费大量的人力、物力对配电线路的工作资料进行收集，以保证故障定位工作的高效开展。除此以外，这种过多依靠人力的故障检查方法，只能确定故障发生的范围，而无法准确定位故障点，尤其是在地质环境复杂，气候条件恶劣的地区，更是需要投入大量的精力和时间进行故障维修。这种维修方法的应用，十分容易扩大故障发生的范围，为配电线路故障维修工作的高效开展带来不便。

（2）对配电线路进行分段检测

这一方法的应用原理是，将一定范围内的电路进行分段，然后对该段电路进行断开、闭合等操作，来有针对性的判断配电线路是否发生故障。这一故障定位方法的应用，需要消耗大量的人力、物力，无法保障配电线路故障定位工作的高效开展。同时，在进行故障检查时，极易出现由于自然光线较强而无法及时发现电路接地故障这一问题，从而对配电线路故障维修人员的人身安全造成威胁。

2.配电线路故障定位的方法

随着我国对供电需求量的逐渐增大，提高配电线路故障定位工作的有效性，保证供电的稳定性以及安全性，已经成为当前供电工作中的一项重要工作内容。

（1）实时故障定位系统的应用

随着我国科技水平的不断进步，电子信息技术、网络技术等在工业生产和人们日常生活中的应用范围越来越大，极大地推动了我国社会自动化、智能化的发展进程，为各项工作的高效开展提供了保障。

①监控系统在配电线路中的应用

监控系统主要是通过计算机、感应装置、接收信号设备以及相应的软件控制程序共同组成的。通过这一系统的应用，能够将配电线路的工作状态实时地呈现在计算机设备中，当接收信号装置接收到配电线路反馈回来的故障信号时，就可以通过计算机中安装的软件，智能的对故障信号的类型进行分析，然后通过相应指示灯颜色的变化，提示配电线路出现故障，这时，故障维修人员就可以有针对性的电路故障进行维修。

②监控系统在故障电路中的应用

将监控系统应用在故障电路中，能够最大程度的保证供电线路故障定位的准确性。这一系统在故障定位系统中的应用原理是，当配电线路出现故障时，计算机通过对相关数据的分析，来判定配电线路是否出现了接地问题。当配电线路出现接地故障时，电路中的电流会瞬间增大，监控系统能够实现对配电线路的实时监测，准确定位故障的发生点，而当配电线路短路时，电路就会自动断电，使配电线路中的电流量变为零，并将相应的电路信息反馈回来。将这一技术应用到故障电路中，能够有效降低由于接地问题发现不及时，而对电路维修人员以及电路使用安全带来的威胁，保证电路的稳定工作。

③指示系统在故障电路中的应用

指示系统在故障电路中的应用原理是，当电路中有感应电流时，就会出现相应的感应磁场，而指示系统又能够根据磁场的变化而变化。这样的话，当电路中感应磁场发生变化时，指示系统就可以起到实时监测的作用，然后通过系统中的数据分析，来判断配电线路是否出现故障。

（2）分段定位技术在配电线路故障定位中的应用

①使用电流法对配电线路故障进行定位

前文中提到过，当电路出现短路故障时，电路中的电流就会突然间增大。因此，采用电流法来对配电线路的故障进行定位是十分有效的。电流法的应用，离不开指示系统以及信号接收装置的应用。比如，在配电线路出现短路故障时，信号接收装置就会将收集到的信息反馈给计算机系统，然后通过计算机中相应的软件对数据进行分析，来进一步确定故障的产生位置，并对发生故障的部分线路进行断电操作。

这种方法的应用，既能够准确定位线路故障，又能够防止配电线路故障的进一步扩大，为整个供电线路的高效工作提供保障。

②使用电流注入对配电线路故障进行定位

当配电线路出现故障时，会产生特殊的电流信号。因此，通过对这种特殊电流信号发出位置的分析，就能够实现对配电线路的故障定位。第一种方式是，在配电线路的各个支路上安装相应的信号接收装置，在保证电路故障定位准确性的同时，实现对配电线路的分段控制。第二种方式是，配电线路维修人员在进行故障检测时，可以使用信号探测器来对电路的故障点进行排查。电信号具有一定的连续性，当信号探测器的信号突然消失时，就可以判定该处电路存在问题。将这种方式应用到电路故障检测中，能够有效提高故障定位的准确性，降低配电线路故障维修的工作难度，保障用电质量和电路维修人员的人身安全。

二、配电线路运行维护管理存在的问题和解决对策

（一）配电线路运行维护管理中存在的问题

1.配电线路管理体系不够完善

配电线路体系的完善对整个电力行业的发展起着很大的推动作用，电力部门要对管理体系予以重视。目前电力部门出现问题的主要原因就是没有完善配电线路体系，这就给电力行业的发展造成了很大的影响，对和电力有关联的行业也造成了障碍。如果配电线路管理体系不完善，管理人员在管理过程中只是形式性的管理，无法真正对配电线路进行管理，对配电线路的实际运行状况也会无从谈起。也很难发现配电线路中存在的问题，无法达到配电线路预期的管理目标。

2.配电网结构设置上不够合理

首先，配电变压器在设置上不够均匀，存在的数量也比较少，满足不了当前社会发展的需求，所以造成了线损增加严重的问题。其次，高压和低压线路都采用同杆假设方法，这种方法很容易引发各种安全事件，进行检修维护的时候也时常出现回路和停电现象，给人们的日常生活造成影响。最后，

对环网结构的设置不够合理，这样电路负荷将无法进行转移，不利于配电线路后期的管理。

3.缺乏专业的配电线路运行维护管理人员

要想确保配电线路运行维护管理工作能够顺利地开展，管理人员一定要具备专业的管理水平。由于受到多种因素的制约和影响，在电力企业的发展过程中，很多配电线路运行维护管理人员的管理水平以及职业素养普遍偏低，很多电力企业在选择管理人员时，并没有对管理人员的专业水平进行严格考核，致使管理队伍的整体水平良莠不齐，影响了管理工作的整体效果。此外，还有很多管理人员在工作中经常出现失误的情况，大大降低了管理的质量，让配电线路运行维护管理工作无法达到预期的目标。

4.缺乏先进的配电设备

在电力系统运行过程中，配电设备的质量和性能对其安全、可靠的运行有着十分重要的作用和意义。现阶段，由于我国大部分电力部门的经济条件比较有限，很多配电设备由于工作年限比较长，已经出现了老化等现象，不仅加大了配电线路运行维护管理工作的难度和工作量，还对人们生命安全造成了很大的威胁。此外，由于企业管理人员对配电设备的重视程度不高，致使很多工作人员在工作过程中不注重对配电设备的管理和维护，缩短了配电设备的使用寿命，影响了配电线路的良好运行。

（二）配电线路运行维护管理的对策

1.完善配电线路管理体系，培养专业管理人才

电力部门需要制定一条相对完善的管理体系，对整个电力行业实行全面的管理。对配电线路方面的管理人员要定期进行考核，对考核过程中不达标的人员要进行培训，保证管理工作的正常进行。电力部门要做好招聘工作，最好招聘专业技能比较突出的人员，培养一批专业技术过硬的技术人才，让其引领部门工作，让整个配电线路的效率能够得以提升。对电力部门的管理人员加大培训力度，从技术和能力方面对其进行培养，不断增强他们的能力，管理理念上要与时俱进，让配电线路效率能够得到质的飞升。

2.合理设置配电网结构

第一，购置配置变压器的时候要根据实际需求来购置，并且在数量上保证充足。对配电变压器进行设置的时候要按照电能需求量来设置，将线损降

低在最低状态。第二，高压和低压线路的搭设要采取不同的杆塔来搭设，有效控制配电线路中的安全事故。第三，对环网结构进行设置的时候一定要结合实际状况，让环网结构可以随时将线路产生的负荷转移走，保证配电线路能够安全合理的运行。

3.加强电路巡视

要做好线路管理首先要从线路巡视方面做起，线路巡视中包括了多种巡视，像事故巡视和正常巡视都属于电路巡视，这些巡视工作都针对不同的需要来进行。对于故障阶段比较高发的线路段，可以将其标注成特殊区域。特殊区域里边一般包括的内容比较多，比如说雷击区和污秽区等。对这些区域进行巡视的时候一定要有针对性地去巡视，当事故出现的时候，一定要进行比较详细的巡视，锁定事故发生的地点，查找原因，并做好相关记录，为研究和分析提供依据。

4.加强运行质量管理

运行作业质量管理包括的内容比较广泛，像检修和改造都属于运行质量管理，进行管理的时候一定要对每一个环节都进行管理。检修质量上一定要坚持修必修好的相关原则，为了让线路检修质量能够达标，检修人员必须保证质量上不会出问题，不合格的产品一定不能通过验收，这就需要验收人员严格遵循制度来验收，确保验收质量达标。当质量和制度之间如果存在冲突时候，一定要以质量为前提条件。对质量这一关一定要严格进行把控，不能因为赶进度而让质量达不到要求，一定要在确保质量达标的情况下来赶进度。进行抢修的时候一定要认识到责任，并将其落实到检修工作当中杜绝各种扯皮现象的发生。对网改竣工进行合理的验收，验收环节一定要认真严谨，对不符合要求的一定要予以返工，对于任何存在问题的地方一定要进行及时纠正，避免留下任何后遗症。

5.加快电力科技进步

电力行业中应该充分推广新技术和新设备，对线路进行巡视管理的时候可以采用比较先进的信息技术，像地理信息系统就是一个不错的装置，这种系统可以将电子地图作为背景，然后再绘制配电线路设备，选择定位系统的时候最好可以选择GPS系统，这种系统具备巡线功能。依照这些定位设备就可以就能够清晰的检查巡线员是否已经全部到位，是否按照周期进行巡视。

对线路材料的采购也需要严格把控，采购的时候严格遵循财务管理制度，选择口碑比较好的厂家来进行采购，杜绝采购假冒伪劣产品来作为电网的材料。

6.对线路特殊路段进行合理改造

配电线路的面积十分广泛，特殊路段最容易出现各类故障。这些特殊路段往往在雷击区和重度污染区比较严重，这些特殊区域很容易引发设备漏电问题，对线路的运行会产生一定的影响。对于线路经过的一些比较特殊的区域，需要进行相应的改造。雷击区就需要对雷击进行全面的分析，根据分析结果对雷击比较的严重的地段要进行防雷改造，改造可以采取多种途径，像加装避雷线和避雷器就是不错的方法，还可以对区域内部的台区避雷器进行改造。

7.配电线路维护运行的管理位置一定要摆正

配电线路运行管理是电力行业管理中最基础的工作，供电企业当中必须成立一个相关的管理部门，要定期研究线路方面的报告，针对发现的问题寻找根源所在，并采取必要的措施。管理的时候要教导员工以认真负责的态度对待工作对自身和企业都要负责，将管理工作落到实处，保证整个管理工作能够落到实处。

针对配电线路运行中存在的问题，一定要进行合理的规划，完善配电线路管理体系，设置一个合理的配电网结构，加强运行质量管理，不断提高管理人员的素质，通过管理效果的不断提升来加强配电线路的运行。

三、输电线路运行维护管理存在的问题和解决对策

电力企业网络布线的规模正在逐渐扩大，相应的布线覆盖面积和线路里程数都在快速增加，这对输电线路运营维护工作是一个不小的挑战，供电企业要有正确的认识度和重视度，及时发现目前存在的各项技术问题，采取措施加以改进，保证电网的稳定性和安全性。

（一）输电线路运行维护管理工作的重要性

随着社会及经济的发展，人们对供电的安全性及质量也提出了更高的要求。国家供电部门加快了建立电力基础设施的步伐，为其后续发展奠定了坚实的基础。输电线路是电网结构体系中不可缺少的元素，也是电力基建中的核心内容。在技术手段快速发展的如今，架空输电线路这一方式在供电企业

得到了广泛应用，因其具有便于维护、技术要求低、操作流程简单、施工成本低、工期短等优势，深受业内人士的喜爱与青睐。然而，因为架空输电线路长期暴露于外部空气中，飞物、雷电或雨雪均会对其产生干扰，从而影响供电的稳定性及安全性。随着时代及经济的发展，电力系统也发生了变革，促使百姓提高了对供电质量的要求，供电企业必须要做好以下三个方面工作，才能在瞬息万变的市场环境中始终屹立不倒，具体包括：（1）确保供电方式的经济性、可靠性；（2）尽可能为百姓提供高质量、高经济性的电能；（3）确保输电线路运行的稳定性及安全性。输电线路长时间处于空气中，极易受到外部环境的影响与干扰。因此，为了满足市场及百姓的需求，要对输电线路进行维护与管理。

（二）我国输电线路运行维护工作中存在的问题

架空输电线路的劣势是长时间暴露于空气中，极易受到人力、外力及自然因素的干扰，从而影响线路运行的安全性与可靠性。通过开展实地调研活动，笔者了解到，目前我国输电线路运行中容易遇到以下问题，具体为：

1.树木对输电线路运行造成的干扰

在城市化发展进程中，为了获得更多的利益，人们开始肆意开采资源，致使赖以生存的生态环境遭受到了严重的破坏。随着时代的发展，人们开始认识到环保工作的重要性，投入了大量的人力、物力及财力，旨在修复环境。在这样的情况下，国家及各级政府组织社会成员，积极开展了退耕还林、植树造林等绿化工作，但由于并未做好预先调查工作，在输电线路防护区兴工动土，种植了不同种类的植物，久而久之，将会影响供电的稳定性及安全性。

2.输电线路防护区内违章建筑、施工及相关问题

随着人们生活水平的提高，对供电的质量及安全性亦提出了更高的要求。一般情况下，电力负荷中心是管理城市变电枢纽的重要场所，因此在铺设输电线路时，应尽可能远离繁华的城市中心，以免干扰线路的正常运行，甚至威胁百姓的生命安全。此外，在居民密集的区域进行施工时，应全面考虑线路限高等诸多问题，以免车辆超标，危及输电线路的使用性能。

3.输电线路设备被非法窃取

当输电线路处于正常工作状态时，有些人经受不住诱惑，在利益的驱使

下，做出盗取输电设备及电缆等非法行为。鉴于此，供电部门应加强在此方面的重视，以免设备被盗，影响居民的正常供电，降低其对企业的依赖性，降低平白蒙受损失的几率。

4.由于外力或异物造成线路短路而产生的故障

风筝、强风吹起的垃圾或异物，包括鸟类停留在配网线路上时，极易引发短路或其他轻微的技术性障碍，也有可能会自动开启保护装置，终止供电行为。为了管理方便，很多输电线路均铺设于居民数量少的城郊地区，周围植物生长速度较快，树叶或枝桠若达到一定高度，将会给予输电线路一定的压力，在多风多雨夏季，线路极容易被压断或遇到雨水产生导电现象，不但会中断供电，对居民的安全性也有着巨大影响。加之国民经济水平的提升，致使私家车数量持续上涨，很多无证驾驶或技术较差的司机易将电线杆撞断，引发大面积的线路故障，影响百姓的日常生活。

（三）加强输电线路运行维护的有效策略

1.建立健全科学化的输电线路运行维护体系

建立输电线路运行维护体系的目的，即是确保供电工作的科学性、规范性、运行稳定性与安全性。与此同时，还应构建完善、科学化的责任机制，提高每一项工作或决策的贯彻与执行力度，让输电线路始终处于正常的工作状态。依据线路的运行特点，建立健全、科学化的运行管理机制，定期巡视线路及相关设备的运行状况，及时找出技术故障，并采取有效的方式进行处理，确保线路运行的稳定性及安全性。除此之外，供电企业及相关部门应充分发挥自身的作用，通过构建防护等级系统，了解区域内的树木、建筑、民居及林区等情况，便于后续对线路及相关设备的维护与检修工作。工作人员在巡视时，若发现技术故障或其他方面的问题，应及时呈报给上级部门，并依据国家政策及相关标准，采取有效的策略对其进行控制与处理，尽可能减少供电部门与人民群众的损失。

2.远程监控线路运行状况，及时发现故障

由于输电线路长时间处于空气中，极易遭受外力、人为、环境因素及自然因素的影响。在当前的时代背景下，我国社会及经济的进步促使科技信息技术实现了跨越式发展，带给人们的生活及工作极大的便利。在这样的情况下，输电线路故障定位技术应运而生，采用远程监控的方式，及时了解线路的运行状态以及有无故障，若发生故障，故障指示器能够及时发出预警信号，将处理方式、波及范围、影响程度以及故障发生时间、地点告知维护人员，使其能够在第一时间赶到现场，对电路进行专业且全面的检修，确定故障的源头，并迅速拟定抢修方案，从而保证供电的稳定性及持续性。

3.加大宣传力度，提高百姓保护输电线路的自主意识

目前，我国电力事业发展较好，电网的辐射范围也日益扩大，拓宽了线路的铺设领域，加大了维护、管理输电线路的难度。在这样的情况下，仅凭借供电企业的力量，是难以做好输电线路的监控、运行、维护与管理等多项工作的。因此，应充分利用新闻、纸质以及现代化媒体，宣传维护输电线路的重要性，增强人们及社会群体主动保护电力线路及设备的意识。为了提升宣传的效果，供电企业应结合实际案例，分析破坏电缆及设备的危险性及负面影响，从而鼓励群众自觉保护电力设施。除此之外，还应建立专业化、科学化、公正化的检举平台，若发现有人盗取电线或相关设备，应立即举报，给予其严格的惩治。

4.加强执法力度，严格惩治盗窃行为

为了给百姓提供稳定、安全、高品质的电能，一旦发现线路及设备有被盗取的现象，供电部门应依据国家相关法律严惩非法分子，并震慑那些隐于暗处却又经受不住利益诱惑的人。具体可采用以下四方面措施，即为：

（1）加大物力及财力的投入力度，除了要建立防盗系统，还应引进与其相关的专业化设备，以提高供电部门及各大防护区域的防盗水平，包括定期巡视各防护区的输电线路、安设防盗帽等；

（2）加大对犯罪分子及违法行为的惩治力度，配合司法部门，采用雷霆手段，震慑犯罪分子，以免再次发生窃取线路及设备等事件。除此之外，执法部门还应清查回收站等相关场所，从根本上提高防护区的整体防盗能力，以保证输电线路的正常运行；

（3）摒弃以往陈旧、落后的观念，要与时俱进，运用现代化、科学化以及数学化手段，对线路进行监控与管理；

（4）司法部门应对宪法内容进行修订，增设线路盗取罪，用以震慑那些有着破坏思想的不法分子。

5.提高输电线路运行管理团队的综合素质

输电线路的正常运行离不开科学、有效的运行与维护，通过引进风险预警机制，及时发现潜在的风险及不安全因素，并制定有效的策略对其进行处理，保证电能输送的稳定性及持续性。供电企业可通过定期开展教育培训活动，来丰富工作人员的专业理论知识，提升他们的综合素质与操作技能，尽可能培养出素质高、维护技术强的复合型人才。具体可依照下述步骤进行，即为：

（1）组织技能培训或专业研讨大会活动，在丰富员工业余生活的同时，还能提高其操作能力与专业理论水平，即便遇到重大事故，也能沉着冷静地应对；

（2）建立健全科学化的考核机制，定期考核管理人员及技术人员的综合素质及应对突发事件的反应能力，降低发生供电故障的几率，保证输电线路稳定、安全运行；

（3）积极鼓动员工参与大比武以及专业技能演戏等相关活动，以激发他们投身于本职工作的热情。

综上，了解到在电网结构体系中，输电线路是不可缺少的核心要素，对供电系统的安全性、稳定性有着巨大影响。由于输电线路长时间的处于空气中，极易遭受诸多因素的影响，从而加大了供电部门的控制与管理难度，仅凭借供电企业的力量，是难以做好输电线路的监控、运行、维护与管理等多项工作的。因此，应充分利用新闻、纸质以及现代化媒体，宣传维护输电线路的重要性，增强人们及社会群体主动保护电力线路及设备的意识，从而保证线路得以顺利、可靠运行。

四、架空输电线路的运行维护及防雷措施

随着我国经济快速发展，人们对于电力要求越来越高，导致我国电力系统也随之快速发展。架空输电线路具有远距离输电、面积广等特点，尤其适用于我国城乡电网之中。但是由于我国架空输电线路主要在室外进行输电工作，缺少绝缘层的保护，容易受到损坏，导致电网运行的中断。因此针对这些情况，就必须要对架空输电线路进行有效的运行维护，提高架空输电线路运行的安全程度和稳定程度。

（一）架空输电线路特征与运行维护工作难点

首先，架空输电线路的结构比较复杂，这主要是由于我国地域面积比较广，东西、南北的地质条件、气候条件差异比较大，因此这对于架空输电线路的运行维护工作极为不利。其次，架空输电线路的输电容量逐渐上升。随着我国经济水平的提高，人们对于电力需求情况也来越高，为了满足日益增长的电力需求，就需要不断提高架空输电线路的输电容量，不断加强输电系统的安全性和稳定性，从而确保供电质量。最后，架空输电线路的危险性不断增加。一方面随着我国城市化进程不断推进，架空输电线路的架设地区人口密集程度逐渐上升；另一方面由于架空输电线路的输电容量逐渐升高，其需要建立多条线路输送通道并与原先通道进行区分，从而使得架空输电线路朝着更宽、更广的方向发展。在增加输电容量的同时，也给架空输电线路带来极大危险，尤其在夏季天气，架空输电线极易受到雷击。因此在架空输电线路运行过程中，要格外做好防雷工作。

（二）架空输电线路出现故障的主要因素

1.人为因素

人为导致架空输电线路出现故障的行为主要有以下两种：第一，施工人员在架空输电线路安装过程中出现偷工减料的行为导致施工质量问题，或者没有采用科学的施工技术造成杆塔出现不稳固的情况，长期下去就会增加杆塔倒塌的概率。第二，架空输电线路在正常运行过程中遇到人为破坏的情况，当然这种行为出现的次数是比较少的。

2.雷击因素

雷电现象是再正常不过的自然现象，人工难以准确预测雷电出现的时间和强度。我国大部分地区夏季是高温多雨的气候特征，尤其是山区海拔比较高，容易出现雷击现象，导致架空输电线路跳闸。虽然有地线作为架空输电线路的防雷措施但是仍然不可完全避免雷电的危害。电线杆的高度比较高，所以遭受雷击的几率比较大，这就在很大程度上增加了架空输电线路的运行维护难度。

3.鸟害因素

鸟害是导致架空输电线路出现运行故障的另一个重要因素，鸟害的因素并不仅在于鸟类本身。因为架空输电线路通常架设在野外，所以有的鸟类会在电线杆上筑巢，输电线路上就经常会出现树枝、土块、鸟粪等物体，鸟类粪便和打湿的树枝具有一定的导电性，容易导致输电线路出现短路故障。

4.风灾因素

架空输电线路通常都是架设在户外的，输电线路长期处在野外经受风吹雨打，导致架空输电线路非常容易受到风力的影响，这同样是人为因素无法全面预测的自然因素。架空输电线路在强风的影响下会出现较大的波动，如果线路在严寒天气中受冻再加上强风的影响，极容易被风刮断，严重影响有效区域内的供电。

（三）架空输电线路运行维护中存在的问题

1.架空输电线路运行通道

电力的运输需要依靠架空输电线路提供一定的输送通道来实现，一旦架空输电线路运行通道中存在任何安全隐患都会给电力的正常运输造成安全隐患。但是就目前情况而言，我国架空输电线路运行通道中仍然存在一些问题，包括环境因素、输电线路设备的老化等问题。

其一，环境因素。由于我国架空输电线路主要在室外环境中运行，因此极容易受到自然因素的干扰，尤其是夏季雷雨、雷暴等天气以及大雾天气，极容易对架空输电线路造成损坏，降低输电线路的绝缘程度。

其二，输电线路设备的老化。尤其在一些人口密度比较小的区域，一旦对架空输电线路的运行维护不到位，就可能造成设备出现故障或者老化腐蚀等情况，导致大面积电力运行中断，增加了检修人员的工作难度和负担。

就目前情况而言，各地区采用按月检查的检修方式不能从根本上解决架空输电线路在运行过程中存在的问题，容易发生漏检的情况。同时，针对按月检查中可能存在的漏检问题，不少地区开始采用周检或者半月检等方式，使得线路巡检工作人员的工作量大大增加，削弱了工作人员的工作积极性。此外，不少地区的线路巡检工作人员严重短缺，这就造成了工作人员的线路巡检面积大幅度扩大，因此在检查过程中耐心程度不够、工作态度不够端正，影响架空输电线路的整体运行状况，增加其运行过程中的危险系数。

2.架空输电线路周围违章建筑

随着我国城市化进程不断，我国架空输电线路的架设位置也会逐渐朝着人口密集中心靠近，甚至有少部分架空输电线路会建设在人口较大的流动区域，给人们的生命财产安全容易造成威胁。同时在输电线路附近的防护区域内存在大量违章建筑，导线与建筑之间所预留的空间不够大，在违章建筑物规模不断扩大的情况下，架空输电线路的正常运行容易受到影响，同时也会给在违章建筑区域内生活的居民造成影响。尤其是在架空输电线路的预留区域内开展施工建设项目，会大幅度增加架空输电线路运行的危险程度。

3.工作人员安全意识薄弱

在对架空输电线路运行维护的相关工作人员进行调查研究后发现，绝大多数的工作人员缺乏安全防护意识，尤其是吊操作人员，其在实际工作中极容易出现由于塔吊与高压线相碰而发生放电现象，并最终导致架空输电线路运行暂停。

（四）架空输电线路运行维护问题的解决方法

1.积极转变原有架空输电线路运行维护管理模式

首先，要提高架空输电线路的巡检质量。供电企业要对架空输电线路的主要巡检负责人进行全面考察，在选择聘用后要进行全面的培训教育工作，提高巡检负责人对于巡检工作的认识，从而能够确保其在日常巡检工作中，详细掌握并记录所负责区域内架空输电线路的运行情况及潜在安全问题。其次，对管辖区域进行分类管理。由于架空输电线路主要在室外运行，容易受到室外环境的干扰，因此巡检人员要对所负责区域内架空输电线路容易受到的自然灾害的地点进行记录和分类，例如可以分成鸟害区、雷击区等，同时针对不同区域采取不同的管理方式。最后，要提高工作人员的工作积极性。这就需要供电企业采用新型管理模式，例如绩效考核方式等，激发工作人员的工作热情。

2.加强在线监测工艺技术的投入使用

随着我国城市化进程不断推进，各行各业对于电力需求量日益增大，为此我国电网的建设力度逐渐增强，其中作为电网运行的重要组成部分，架空输电线路的建设数量也在不断增加，从某种程度上说，这提高了我国架空输电线路的维护工作难度和工作量。这是由于根据对对我国不同地区的巡检方式进行调查后发现，绝大部分地区仍然采用比较传统的人工巡检方式，随着架空输电线路大幅度增加，巡检工作人员的工作量也随之大幅度增加，其日常巡检工作质量也就无法保证。因此，供电企业需要利用目前的新型线监测工艺技术，在短时间内解决架空输电线路运行维护工程中存在的问题。新型线监测工艺技术既能够对输电塔杆运行状态进行检测和记录，又能够详细检查架空输电线路的绝缘情况，从而提高检修维护工作的精确性。同时新型线监测工艺技术的使用也能大幅度降低人工巡检成本，降低巡检工作人员的工作难度和工作量。

3.积极构建巡检影像平遥

随着我国科学技术的不断发展，供电企业开始在架空输电线路的运行维护工作中积极使用新型现代化巡检管理技术，其中巡检影像平台技术由于自身的职能化特征被广泛投入使用中。巡检影像平台技术主要是以智能化管理平台为基础，掌握该区域范围内架空输电线路的整体运行情况，不同与人工巡检可能产生的漏检等问题。巡检影像平台技术能够对该区域范围所有架空输电线路的实际运行情况进行检查，同时对于人工巡检过程中可能不容易察觉的环境因素以及在线监测过程中获得的信息，也能够及时收集在巡检影像系统管理平台中。通过对于信息、运行数据等进行收集、分析、处理，从而能够对该区域架空输电线路的故障发生情况以及发生地点和次数进行统计，以这些数据为支持进行有针对性的维护管理。此外，利用收集的信息和数据，能够对架空输电线路的实际运行情况进行反应，能够直观的反映日常运行维护管理中的不足，提高管理有效，从而确保架空输电线路能够安全稳定运行。

4.提高维护工作人员的综合素养

随着我国对于电力需求的逐渐提高以及新型技术在架空输电线路运行维护中的应用，供电企业需要加强对于人力资源的培养，逐渐提高架空输电线路运行维护工作人员的综合素养。例如可以与各高校开展定向合作，招收各院校输电线路运行维护专业的人才进行培养。同时还需要依据管理范围合理划分维护管理人员数量，加强对于维护管理人员责任意识的培养，从而提高其工作质量和工作积极性。例如某地区供电企业采用绩效考核方式对于架空线路运行维护人员进行管理，将个人绩效与架空输电线路的运行管理成效相挂钩，提高架空输电线路的稳定程度和安全程度，进而确保各地区供电质量提高。

（五）架空输电线路防雷措施

1.采用防雷保护装置

采用防雷保护装置是架空输电线路最常见的防雷措施，应用比较广泛的防雷装置是避雷针和避雷器。避雷针的防雷原理是将闪电引到自己身上然后泄入到大地上。避雷器的应用应该将其与设备连接起来，技术人员要确保间隙击穿电压比设备绝缘击穿电压低，这样就可以避免电力设备在正常运行过程中遭受雷击的情况。但是因为经济和维护原因，实际上避雷器多应用在杆塔上，输电线路上安全避雷器具有较高的经济成本，而且后期维护难度也比较大，这就决定了防雷保护装置只是架空输电线路的基本防雷措施。

2.降低杆塔接地电阻

在架设架空输电线路过程中应该根据线路实际情况采取措施来降低杆塔接地电阻。对于规模较小的架空输电线路，技术人员可以采用杆塔接地电阻降阻剂，降低杆塔与地面二者之间的电阻。同时，技术人员还可以通过增加架空输电线路水平接地线路方式来降低杆塔接地电阻。

3.提高输电线路绝缘能力

通常情况下，高塔顶的电压感应能力与其位置是呈正比的，也就是说高塔顶的位置越高，其电压感应能力就会越强，这就在一定程度上增加了杆塔遭受雷击的概率。所以，技术人员可以在输电线路中增加更多的绝缘子来提高线路的绝缘能力，从而显著降低线路遭受雷击的概率。如果线路的防雷措施没有做到位，技术人员可以采用不平衡绝缘方法来对双回线路上的跳闸问题进行有效控制。

总而言之，架空输电线路作为电力系统运行的重要组成部分，对于确保电力系统运行的安全、稳定具有十分重要的意义。由于架空输电线路长期在缺乏绝缘层保护的环境中运行，为了提高其运行过程中的安全程度，就需要对架空输电线路进行运行维护工作。并针对其运行过程中可能存在的线路设施被盗以及运行过程中的安全问题，采取相应的解决措施，从而提高架空输电线路运行的安全程度，确保电网的稳定运行。

五、低压线路常见故障及运行维护管理

低压线路通常直接与各类不同的电气设备相连，这些设备通常差异较

大，这就需要我们对低压线路进行合理有效的管理维护，让这些电气设备相互协调、规划统一，保证线路供电的稳定性和安全性。并且原有的检修管理模式落后，检修存在着盲目、过剩、落后、不及时等问题，实在难以适应目前社会对电力的要求。

（一）低压线路主要故障分析

低压线路在日常的使用过程中，很难避免会被环境影响造成一些对低压线路的破坏，进而引发低压配电线路的故障，这里归类了一些低压线路的常见故障，包括线路荷载过大出现负载断路、出现漏电故障、接地不完全等故障。

1.线路漏电

当低压配电线路处于一个长期使用运行的过程中时，电源线会难以避免的受到过热温度的影响，或者出现一些支架和线路老化的情况，绝缘层被破坏，如果再加上线路缺少维护保养，不能及时更换，就容易导致电源线出现绝缘性降低的情况。电源线绝缘程度衰减的情况就好使得线路与支架材料等都会出现电流相通，从而导致漏电的发生。另外，地面与配电线路之间的电容的存在也是避免漏电产生因素之一，如果这段电容受到外界因素影响降低，那么线路的绝缘性也就会变差。事实上，这段电容也是非常容易受外界因素影响的，在这种情况之下线路漏电将变得更为容易，同时漏电流与故障点之间会形成一个回路。造成更为严重的影响。

2.线路负载过大引起的负载短路

线路短路是我们最常见的一种故障类型，负载短路一旦出现，低压线路的系统就会启动自动保护设施，俗称跳闸。所以每当有此类情况发生时，线路会自动断开，整个负荷侧会采取断路的方式来对电网的安全性进行保护。唯一的缺点就是，问题如果得不到解决和排除，就一直无法恢复正常的电力供应，对人们的生产生活造成不便，甚至造成一些损失。线路过载短路的引发因素有许多，通常容易发生的主要有如下几个：（1）雷电击穿低压配电线路绝缘层，引发的漏电短路，尤其是夏季雷雨多发的情况下，如果周围较为空旷，电线非常容易遭遇雷击；（2）如果天气情况较为恶劣，雷电加上雨水影响，绝缘子会出现一定程度的闪络情况，如同前文中提到的一样，也是会引起短路；（3）如果发生了飓风、台风和大风天气，线路难以抵御强大的风级，低压线路会出现电线之间接触、搭接现象，进而引发短路；（4）如果传输线路附近存在带一定腐蚀性的气体液体或物品等，线路也非常容易被影响，有可能对线路造成腐蚀，从而线路的绝缘性被破坏，导致线路出现短路现象。

3.线路接地不良

低压配电线路在长年的使用之下，长时间的负荷运作，线路会出现老化或被损坏，影响对地绝缘性，低压配电线路难免会受到一定程度的损坏，从而影响线路的对地绝缘性，当线路泄露的电流增加的情况，一旦出现泄露电流变大的情况，就会导致接地故障。针对以上因素的考虑，低压线路和电气设备的检修工作重要性不言而喻。

（二）配电线路常见故障处理方案

1.线路漏电

PE线必须按照要求与金属物体进行有效连接，在规范的低压配电安全系统才能有效。但即便按照要求进行了连接，一些杂散电流依旧还是会对其产生一定的影响，结构钢筋和埋地线的组合很难发挥出有效的绝缘效果。PE线在难以避免的电腐蚀影响下，截面数值会发生相应的改变。结合以上的讨论，我们可以尽量在选择电线时，偏向于多芯电缆或者绝缘电线，从而确保低压线路传输电流的稳定持续。很多低压线路引进的TN-S接地系统，其能保证线路接地良好，针对PE线路的处理上也比较科学合理，不过TN-S系统会存在漏电情况，需要额外设置漏电保护装置才能确保系统安全。

2.低压线路短路的故障处理

配电线路的短路保护系统的选择和设置应该综合考虑一些问题，包括低压配电线路的绝缘材料需要拥有较高的耐热属性，基于前文中原理的讨论，这方面有着较高的要求；还需要选择能够降低出现短路故障点额可能性的装置。针对一些长线路尾端电流较小的情况，往往需要采用电子脱扣器的断路器，从而避免尾端电流过小装置无法断路的情况，从而进行有效的线路保护。引进常见有效的熔断器保护，它能够进行反时限发热，一旦线路过载温度过高，溶体就比较容易做出反应迅速熔断从而切断线路，避免进一步损坏电气设备。

3.接地不良处理方案

线路出现接地不良，我们要首先考虑线路的保护是否合适，针对低压线路以及相关设备进行区分，采取不同的保护方式。区分低线路配电总进线，主干线以及各个支线，根据不同的设备等级，配置相应的等级的漏电设备保护器，认真分析输配电线路的保护方式，确保其能够良好快速地做出切断反应。然后，需要考虑漏电保护的科学合理性，选择合适的漏电保护器，这也是十分关键的。当低压线路出现漏电的问题，保护器需要及时的切断接地线路，防止接地线路产生电弧。最后，针对接地不良问题的处理，需要合理利用剩余的电流。故障电流会借助PE线与大地形成回路，从而避免上述情况的出现。

（三）低压线路运行维护的管理

1.合理规划低压线路的铺设架构

我们需要保证用户的用电稳定性，首先就要考虑到线路的负荷情况，按照一个区域的负荷水平，来假设相应的低压线路结构。低压线路网络的构建的过程中，使用低压线路区域供电模式。区分电源所在的实际区域，合理预估线路上的负荷，并合理布置负荷量，从而划分成为不同的供电区域，从而减少线路超负荷的情况。这样合理的划分供电区域和范围的做法也能减少跨区域供电问题的出现，对后期的维护管理也很有帮助。这样也能直接保证低压线路网络的稳定安全，后期进行线路维护时，也能方便掌握低压线路的实际运行情况。针对线路老化这种问题，一旦发现，就需要及时将线路更换，避免供电质量遭到影响。

2.完善低压供电线路的外力破坏的抵御

低压线路的非常容易在室外遭到外力的破坏，比如工程施工、恶劣天气、自然灾害、人为因素等等。可能会出现线路被挖断、被大风刮断、甚至一些人为破坏，从而导致线路出现故障。这一个环节也是涉及线路稳定性和安全性的关键所在，所以提高低压线路的抗破坏水平也很关键。需要完善低压线路的接地网络，确保电网的接地电阻是符合规定使用的。并按照不同地区、不同季节以及不同温度制定不同的维护检修计划，重点关注异常天气的发生，及时获取气象信息，做好应对恶劣天气的各项准备。及时关注线路周围的具体环境，有无施工现场，或者有无线路被破坏的潜在因素。对于各项设备，也需要及时更新换代，使其预备更好的应变保护能力，不断增强线路的抗自然灾害能力，减少各种一些人为事故的发生率。

3.加大维护检查力度

低压线路显然非常容易被环境、天气等各种因素影响其稳定性，其导致故障的情况多变，虽然有的能够根据天气等情况及时预防，但很多故障的出现也并没有预警。所以需要人工进行线路巡检工作，按照低压线路的巡视检修规范与流程，合理地进行故障排查，确定设备和线路的周围运行环境是否正常稳定，清除影响因素，清除污染物和障碍物，确保线路的稳定运行。

4.对设备进行严格管理

严格根据供电设备评级规定的要求和标准，对低压线路设备进行严格的管理。在日常管理过程当中，根据实际情况以及相关数据，相关人员对于设备事故、设备缺陷等都要详细的进行登记，吸取过往设备缺陷引起的意外事故带来的教训，及时总结，制定并完善操作管理制度，定时对设备进行维护，并及时给予更换，避免其在运行中发生故障，使设备使用寿命得到有效的延长。

5.加强日常巡视力度

要想确保低压线路运行更加可靠、安全，加强日常巡视力度是关键。要根据实际需求，采取针对性的巡视方式。若巡视多雷击、多风害、多覆冰等环境比较恶劣的地区，需要制定合理可行的方案，确保该地区的低压线路正常运行。当发生意外事故的时候，对原因进行检测、分析、记录，并及时采取针对性的解决对策

6.正确区分国标和非国标

一般来说，国标线优等品为100±0.5米，而非标线有的只有60～75多米。必须要对电线进行正确鉴别，避免采购到劣质电线。在购买的时候，要看看是否有质量认证合格书，并仔细检查电线上是否印有规格、单位等内容，查看电线铜芯的横断面，若颜色是否光亮、柔和为正品，否则为次品；其次，对电线反复弯曲，若手感弹性大且电线上无任何裂痕则为正品。再次，可通过称其重量，看是否处在行业规定的标准和范围之内。经过仔细的对比，确保选购电线质量，提高用电的安全性。

第三节　10kV线路的运行维护

一、10kV箱式变电站的运行维护

（一）10kV箱式变电站及其结构特性

箱式变电站是一种把高压开关设备、配电变压器和低压配电装置按一定接线方案排成一体的工厂预制型户内、户外紧凑式配电设备。这种设备成套性强、体积小、占地少，特别适合城市负荷中心选用，并具有提高供电质量、减少损耗、停送电方便灵活，周期短，对环境适应性强，安装简单快捷，使用方便，运行安全可靠及工程投资少、见效快等一系列优点，可用于绿化区、道路交叉口、生活小区、生产厂区、房屋建筑内外等，故成为当前电网改造中的重要电器设备。

箱式站的结构主要是指作为箱式站的三个主要部分，即高压开关设备、变压器及低压配电装置的布置方式。一般来说，箱式站的总体布置主要有三种形式：拼装式、组合式和一体式。拼装式箱式站由于整体性差、组装工作量大，而且高度高、占地面积多，现在已经很少使用；组合式箱式站是将高、低压控制、保护电器设备直接装入箱内，使之成为一个整体，由于总体设计是按照免维护型考虑的，箱内不需要操作走廊，这样就减小了箱式站的体积；一体式箱式站则是变压器为主体，把熔断器及负荷开关等设备装在变压器箱体内，构成一体式布置。这种形式的箱式变体积更小，其体积近似于同容量的普通型油浸变压器，仅为同容量组合式箱式站体积的左右。由于IEC标准（IEC1330第1版95-11）高压/低压预装变电站对箱式站的总体布置作了明确规定，规定为组合式布置。因此，组合式在积极采用IEC标准的国家被广泛采用。我国作为IEC标准的积极采标国家之一，使用的箱式站一般都为组合式布置。

（二）10kV箱式变电站运行中存在问题及其维护

1.散热及增容问题

我国较大部分地区夏季比较炎热，气温较高，由于箱式变电站结构紧凑，变压器室体积比较小，在这种炎热的气候条件下，室内气温较高，再加之变压器在运行中要产生大量的热量，此时通过变压器室的换风与室外的热量交换已经很难满足要求了，导致变压器室内温度很高，大大超过40℃，有时最高温度甚至超过50℃，严重的阻碍了变压器的散热，利用风扇来加速热量散发的效果仍然不够理想，加速了变压器绝缘老化，或者要降低变压器的出力，造成资源的浪费。同时，变压器室开换风孔及安装排风扇都导致了箱式变电站整体的防护等级下降，在风沙较大地区或有粉尘污染的地区使用时加大了运行的不安全性，提高了故障率。另外，由于变压器为箱内放置在需要增大容量而改换变压器时，由于变压器本身较重，而变压器室的空间也太小，使得变压器的更换工作变得难以实现，且更换的变压器的容量大小也受到变压器室的制约。只有很大容量的箱式变电站的外形结构才采用半封闭式结构，且需选择封闭式变压器，既增大了箱式变电站的占地面积，也提高了成本。

通过长期生产运行中的不断摸索，笔者认为可对箱式变电站整体结构进行改进，方法如下：将变压器在上侧进出线改为侧出线，高低压接头分别位于变压器的两侧，并将变压器外壳作了相应的改动，在高低压套及周围加焊有法兰盘对变压器进行改进后，将箱式变电站的结构也相应进行改进，将高压变电设备与低压设备放置在同一室内，即成套设备室。在设备室靠近变压器侧开一矩形孔，在孔周围焊有法兰盘，其大小与变压器低压侧法兰一致，在安装时，将变压器垫起一定高度，使变压器低压侧法兰与设备室法兰对齐，中间加一密封垫圈，然后用螺栓将变压器与设备室连接牢固。这样，变压器低压套管就直接伸入箱式变电站的成套设备室内，通过一小段母线与低压进线开关设备相连，变压器的高压侧与高压开关设备之间用高压电缆相连，在连接时先将变压器高压防护罩拆下，将高压电缆头穿过高压防护罩下侧的钢管，与变压器高压接头连接牢固，然后把高压防护罩与变压器高压侧法之间加一层密封垫圈，用螺栓连接牢固，再把法兰板与防护罩的另一侧之间加一密封垫圈后用螺栓连接牢固，最后把高压防护罩下侧的钢管用卡子卡紧，高压电缆从箱式变电站的底部穿过进入设备室，与高压开关设备相连。另外，由于变压器的高低压接头改为侧出线，可将油枕去掉，把变压器的散热片换成膨胀式散热片。这样，就将变压器带电部分与外界完全隔离开了，其效果相当于把一台普通的配电变压器改装为一台封闭式变压器，单台变压器成本降低20%左右，且完全达到了全封闭的目的，杜绝了当变压器带电时误入变压器室而造成触电事故的发生。且当箱式变电站增容时，变压器的更换工作完全在室外，有足够的工作空间，更换变压器的工作变得简单可行同时通过户外自然风冷，也有效地解决了变压器本体的散热问题，使箱式变电站的安全可靠性能得到整体提高，防护等级也得以提高，改进后的箱式变电站整体防护等级达IP53。

2.箱站内电容器间隔存在安全隐患

隐患主要表现在：箱式变电站大多数位于输配电网的末端，为了提高功率因素，降低电网损耗，一般采用配置Y形接线的密集型并联电容器作为无功补偿装置。目前多数厂家配置的是密集式电容器，其抗击穿性能较强，但是采用的仍然是液体浸渍剂作为绝缘油，事故率较高，有发生电容器起火爆炸的危险，与开关站内其他设备全部无油化不配套。在现场运行中，因电容器鼓肚、漏洞而引发的火灾时有发生。有的厂家将普通电压互感器作为电容器断电时的放电线圈使用，不能迅速、有效泄放电容器上的剩余电荷使电压降至安全值，对检修人员的安全形成威胁。为了彻底消除安全隐患，笔者建议进行如下改进：

（1）进行箱站选型设计时，选用新型干式无功补偿电容，干式高压并联电容器为干式无油结构，内部元件具有自愈性能，当电容器内部的聚丙烯膜被击穿时，由于导电的金属镀层非常薄，在击穿点产生的高热使击穿点周围的金属镀层迅速逸散，形成金属空白区，击穿点自动恢复绝缘，电容器恢复正常工作。干式电容组内部元件还采用Ag-Zn复合金属化镀层及边缘加厚技术和喷金工艺，使电容器具有电容量损失小、自愈性能好、耐涌流能力强，保证了电容器的可靠运行。

（2）当采用充油电容器时，应采用电容器外置方式，将电容器和箱式站分开放置，这样可以方便工作人员巡视，及时发现电容器运行的异常情况，即使电容器发生事故不至于影响到整个变电站的正常运行。

（3）配置电容专用放电线圈，并将其放置在箱式站内一个具有防爆功能的加强型间隔内。

3.箱式站一次设备易遭受雷击，感应过电压极易造成二次设备损坏

一些10kV箱式变电站特别是用于农村电网的箱站的安装地点一般位于空旷的野外，周围没有高大的建筑物，发生雷击事故的概率大。雷击不仅会直

接损坏变电设备，其感应过电压还会造成通讯装置失灵和保护装置误动甚至损坏。为减少和避免损失，建议：

（1）箱式站箱体及主变周围应设置避雷针，并保证其保护范围覆盖整个设备区域，站内铺设完善的接地网，其接地电阻应小于4Ω。

（2）在箱站进出线电缆与隔离开关连接处装设金属氧化锌避雷器，防止雷电由线路引入站内。

（3）因通讯、保护设备的电源雷电侵害主要是通过线路侵入，所以在重要设备的电源配入、配出口尽可能应加装电源防雷器，如采用压敏电阻等来限制过电压的产生。所有进出箱站的控制电缆均采用屏蔽电缆，屏蔽层和整个接地网连接，在控制、通讯接口处加装浪涌抑制器。

4.箱体外壳防雨、防潮、防锈能力较差问题

一些厂家特别是小型生产厂家没有对箱体外壳质量给予应有的重视，出现箱站外壳生锈、门体闭合不严等现象，轻则导致内部设备金属裸露部分锈蚀，重则因壳体漏雨造成设备发热、短路而酿成事故。对此，可从以下几个方面予以改进。

（1）在一些特定安装场所可采用非金属外壳箱站；对采用金属外壳的箱站，可对基座及外露金属框架采用喷砂镀锌等防锈工艺处理，外涂防腐性能良好的装饰性面漆；

（2）箱体锁具采用具有防雨、防堵、防锈的暗锁；

（3）外观上将箱站的顶板设计成"人"字状，采用斜坡屋顶，箱顶加装防水层；

（4）门体采用多点定位结构，并配与密封胶条保证整个箱体的防水密封效果。

5.箱内设备容易产生凝露现象

箱式变电站一般安装于室外，所处环境条件较恶劣，箱体内外温、湿度差较大，在外界温度急剧变化时，箱体内部容易产生凝露现象，从而引起带电设备闪络放电。

为避免这种现象，应考虑安装凝露控制器，随时监测被测环境湿度的变化情况，当湿度达到一定程度，有产生凝露的可能时，控制器驱动加热器工

作，破坏产生凝露的条件，当产生凝露的条件消失后，加热器自动断开，控制器又恢复到监测状态。

6.箱站内设备集中，容易误拆、误入、误操作

由于站内柜体空间狭小，检修时挂接地线路、进行验电十分困难。因此，工作人员在检修时应该做到：按照《电业安全工作规程》严格执行工作票、操作票及操作监护制度；在箱内各柜门、隔离开关、负荷开关操作手柄处，加装"五防"程序闭锁装置；出线侧隔离开关宜选用带接地刀闸型产品，推荐采用双触头型隔离开关；在开关柜前面板上装设三相带电显示器。通过以上措施不仅可以避免误拆、误入、误操作现象和线路检修时在箱站内挂接地线的不便，还可随时监测线路带电情况。

7.箱站内部出现事故不易发现，致使事故得不到及时处理

箱式变电站多为无人值守变电站，变电箱为全密闭结构，当箱站内设备出现异常，如发生过热、火灾事故时，运行、监测人员不能够及时发现，会引起故障升级或损失加剧。对此，在实际运行中，有人值班变电站应通过加强设备巡视，及时发现设备异常现象，无人值班站在技术上可在箱站内装设温度、光烟报警器，报警信号直接引入到调度监控机，以便发现事故并及时维修。

10kV配电网作为电力系统中规模最大、涉及面积最广的构成部分，安全运行至关重要。通过强化10kV箱式变电站的运行管理与维护，可为区域内工农业的生产和人民的生活用电提供强有力的后盾保障。笔者建议，加大对10kV箱式变电站配电网存在问题的分析，探寻更加切实可行的管理方法，最大限度保障10kV配电网线路的安全、经济、稳定运行。

二、10kV线路运行维护及检修管理

作为电网建设的重要组成部分，10kV配网线路供电的可靠性直接关系着电力用户的用电体验，同时，由于10kV配电线路自身复杂的网络结构，其在运行过程中容易受到各种因素的影响，从而导致线路稳定性和可靠性的下降。对此，基层供电所应该充分认识到10kV线路的重要性，做好线路的运行维护和检修管理工作，对线路运行中出现的故障和问题进行处理，为人们提供更加优质的供电服务。

（一）10kV线路安全运行影响因素

在10kV配电线路运行中，影响其运行安全的因素是多种多样的，主要包括以下几种。

1.设备因素

现阶段，在基层供电所的辖区内，尤其是农村地区，由于经费的缺乏，导致10kV配电线路中存在的大量的老旧设备，这些设备存在着安全隐患，不仅无法满足10kV配网对于运行质量的要求，而且很容易出现各类故障和问题。另外，部分电力工作人员在进行配电线路的施工及维护中，存在着违章的行为，使得设备存在着破损以及虚接等问题，影响了线路整体的稳定性与可靠性。

2.自然因素

自然因素主要是指极端的地理条件以及恶劣的天气状况，部分地区在对10kV配电线路进行设计时，并没有对自然因素的影响进行充分考虑，导致线路在实际运行过程中，容易出现问题。例如，线路距离建筑或者树木距离过近，在大风天气中容易发生碰触，引发短路或者触电危险，或者没有设置相应的防雷措施，在雷击的影响下出现短路或者设备烧毁，影响配网的安全稳定运行。

3.外力破坏

10kV配电线路具有点多、线长、面广的特点，线路经过的区域众多，很容易受到人为活动的影响，从而对配电线路造成破坏，引发相应的线路故障和安全问题。例如，工程项目的施工可能会碰断电力线缆，从而造成局部区域的停电。

4.管理因素

管理因素的影响主要体现在两个方面，一是缺乏健全完善的管理制度，无法对一些实际问题进行解决，使得线路维护和检修工作的质量难以保证，从而降低了配网管理工作的效果，给10kV线路的稳定运行造成了负面影响；二是缺乏专业的运维及检修人员，许多基层供电所的工作人员存在素质不足的问题，在工作中不能及时发现问题，给线路的运行埋下了事故隐患。

（二）10kV线路运行维护

1.基本维护方法

创新架设防雷设备，通常架空配电线路都需要防雷设备，以减少雷击对电路的影响，可利用瓷横取代角钢横，瓷横相对于角钢横防雷性更强，这里需要格外注意，因为农村的电线路基本都是三角形状态的三相导线，因此针对农村的10kV线路必须在使用瓷横担之后，延长与导线距离在1m以上。

铺设立杆，铺设立杆最重要的一点是必须满足预设埋深，再立杆施工过程中，严格核查土壤性质，对于一些土质松软的地区，可以将基础部分进行混凝土浇筑，并将地基周围包围起来进行加固，这样电杆能够得到很好的加固作用，进而保障了电力输送的安全性。

定期清理电力设备，电力部门应该对线路周边的植物等进行定期清理，防止植物过于茂盛造成供电隐患。此外还要定期清理电力设备内部的污垢，及时更换绝缘材料，做好电力警示牌，防止人为破坏。

2.强化线路巡视

通过线路巡视，能够及时发现10kV配电线路在运行过程中存在的问题和隐患，从而采取有效的应对措施，减少事故的发生。线路巡视可以说是配网线路维护中最为基础的工作之一，不过也是确保线路及相关设备安全稳定运行的最有效的手段，是基层供电所实施10kV线路运行维护的关键所在。一般情况下，配电线路的巡视包括了日常巡视、夜间巡视、特殊巡视以及事故巡视等。

日常巡视和夜间巡视应该制定相应的巡视计划，对巡视的间隔以及路线等进行确定，没有特殊情况应尽量避免更改。在巡视过程中，应做好记录工作，填写巡视报表，将发现的问题汇报给相关管理人员。夜间巡视应该配备相应的照明和防护措施，防范蚊虫和蛇类，巡视工作行必须两人或者两人以上共同展开，避免片面追求效率而单人分工的情况。在发现线路中存在的问题后，应该及时做好协调工作，对问题进行解决。

特殊巡视主要是针对一些事故多发线路的巡视，在进行巡视前，应该充分考虑天气状况，同时结合沿线地理环境及地形，对巡视的路线进行合理选择，防止由于天气因素或者路线选择不当导致的人身损害。在巡视过程中，如果遇到特殊情况，应该及时上报，接受管理人员的指挥，避免随意处理而引发的安全生产事故。

事故巡视是指发生线路事故时进行的巡视，在事故发生后，应该首先划定事故区域，然后安排人员进行巡查工作，尽快确定事故发生的地点，分析事故原因并做好记录，为后续的事故处理提供参考。如果事故原因无法明确，则应该及时汇报事故发生点周边的环境及气候因素，做好记录。对于一些重大事故，尽可能做到"四不放过"，即不放过事故原因不清楚的情况、不放过事故责任人及没有受到教育的员工、不放过没有采取防范措施的情况、不放过没有处理责任人的情况。

3.重视线路维护

基层供电所应该重视对于10kV配电线路的运行维护工作，结合辖区内10kV线路的运行情况，采取切实有效的措施和方法，确保线路维护的有效展开。一方面，应该立足实际，建立健全相应的配网设备运维机制，将设备的运行维护工作作为供电所日常工作的一部分，同时对线路检修工作进行规范；另一方面，应该对故障多发线路进行分析和研究，判断出现故障的原因，采取针对性的维护和管理措施，结合设备状态评级进行差异化运维管理。

（三）10kV线路检修管理

1.完善线路检修

许多10kV线路运行时间较长，线路和设备都存在老化现象，容易发生故障。在日常管理中，缺乏完善健全的制度支持，人员配备不足，在线路巡检中存在各种各样的问题，无法及时发现线路中存在的隐患，导致了线路故障的频发。对此，应该强化和完善线路检修工作，确保其能够实现与维护工作的相互配合。基层供电所在线路检修中应该坚持预防为主、防治结合的方针，制定切实可行的线路检修计划，确保线路检修工作的有序展开。在故障发生时，应该首先对故障点进行排查，结合分段检查法等方法，对故障进行快速定位。对于已经实现配网自动化的线路，可以利用自动化系统判断故障区域，如果没有达到自动化的标准，也可以通过计量、调度等系统，对分段开关的状态进行检查，确定大致的故障范围，缩短线路检修时间。同时，应该加强对于相关故障处理经验和线路检修经验的总结和分析，开展相应的事故演练，为线路检修和故障排除奠定良好的基础。

2.检修管理的新方法

（1）自动化监测技术

经济的发展导致电力部门供电压力日益增大，10kV线路更需要安全稳定的输电条件，在进行10kV线路的维护及检修管理时，必须要重视新技术的发展，面对日益复杂的线路故障问题，可以使用GPS导航技术对电网系统进行定点的维护监控，GPS技术可以帮助工作人员快速确定支路和节点的位置。由于10kV配电线路一直处于高负荷的运行状态，一般情况下出现的电力事故多为突发事故，存在防范难等问题。如使用电压监视器相关定位技术，能够利用此技术对电网线路进行动态监控。此外还可以安装一定的接地装置，能够提高发现故障的速度并减少检修时间。以此不但能够及时检修电路系统，还能够最大限度地降低停电损失。

（2）分布式管线测温系统

目前10kV线路维护技术也可以使用分布式管线测温技术，该技术将光纤测温系统放在电缆表面或者是电缆金属的保护套之内，能够有效解决隧道内线路的安全问题，在实际操作时，可安装2个光纤，一个用于对环境的测温，另一个用于对电缆设备的测温，能够有效提高工作人员对电网运行的掌握度，进而保障了电网运行的安全。用于10kV线路上的分布式测温系统是将光纤安装在10kV线路的交联聚乙烯终端接头内部，主要功能是监测电缆接头部分的实时温度。为确保电力电缆与光缆能够充分接触，可以采用固定夹具来固定光缆。该系统能够利用得到的实时的电缆绝缘热阻系数值以及电缆负荷值分析出电缆具体的导体温度值，如温度值超标，该系统就会通过信息方式或者监控画面等方式进行报警。这种系统应用与10kV线路的维护，能够有效监测实时线路运行状况，并能够及时发现电力故障和隐患，还能发出报警，极大地减少发现电力事故的需要的时间，方便电力检修工作及时有效地进行。

（3）分布式光纤测温系统

该系统的原理主要是利用光在光纤内发射过程中激光点和光线分子地相互作用产生的散射作用，利用这种散射作用完成测温功能。其中散射只要是根据固态二氧化硅晶格在微观热震荡下与进来的光线相互作用，产生了斯托克斯光和波长较短的反斯托克斯光，该波长的光线与温度有关系，所以可以探测温度变化。

通过探测光线就能够实现实时监测线路温度的目的。其工作原理是：人员在控制室利用电脑进行远端控制该测温系统，在使用监测时，将传感光纤提前铺设在电缆上。测温光缆绑扎固定方式为可拆卸式，这里必须注意的是要将测温光缆紧贴在电力电缆表面上，而且为避免出现意外情况，工作人员要将测温光缆安装在电力电缆侧面，固定间距为0.5m左右，并根据规定将其固定于三相电缆温度相对最高的一相上，这样才能够符合技术要求。另外，在10kV电缆中间接头部位可以采用跨越布置方式在中间头部分进行缠绕固定，最后再测温光缆恢复到电缆上。在这之后开始测温，测温开始后，将测温主机得到的信号储存并记录起来，并设置好警戒值，设置报警功能。然后利用ＩＰ网络协议将测温主机与变电站的网络管理系统连接。最终电力部门能够通过电网系统实时管理和监控10kV线路的运行状况，达到维护和检测的目的。

三、农网改造中10kV配电变压器的选择、安装与运行维护管理

（一）农网改造中10kV配电变压器的选择

1.台区定位

一般来讲，台区规划应遵循的原则为：（1）容量小。（2）半径短。（3）布点密。在实际的设计过程中，必须严格依据变台供电负荷科学选定容量。

变压器的安装位置应尽量在负荷中心或者距离重要负荷比较近的地方，并且，应注意避开人群聚集区和车辆多的场合。另外，安装时也要对维修的便利性进行一定的考虑，确保以后更换设备不会出现太大困难。因此，结合上述要求可知，设备安装的最佳位置就是线损、线路投资以及材料消耗量最小的位置。为了尽量满足这些要求，在最终位置选定前，必须进行情况调查，不仅要充分考虑当前需要，还必须对未来一段时期内的预测负荷进行详细分析，在此基础上综合考虑，尽量确保安装位置的合理性。经过改造后，市中心地区应确保低压台区供电半径＜150m，保证电压质量时，供电半径＜250m；农村地区应确保供电半径＜500m，保证电压质量时，供电半径＜1000m。总体来讲，安装配电变压器之前，必须进行合理的规划和设计，从确保安全、降低成本、节约能源等方面综合考虑。

2.型号选择

农村配电变压器的选用，关系到整个供电系统可靠性和供电质量，因此必须根据负荷的类型、大小与分布情况进行全面的考虑。

改造前，农村大部分选用高损耗的变压器。统计表明，配电变压器的损耗约占配电网中总损耗量的30%以上，比例相当高，因此，必须选用新型的节能型变压器。近年来，国家新开发的新型节能型变压器有S7和S9及S11三大类。S9系列配电变压器的设计以增加有效材料用量来实现降低损耗，主要是增加铁心截面积以降低磁通密度，高低压绕组均使用铜导线，并加大导线截面，降低绕组电流密度，从而降低空载损耗和负载损耗。S9与S7系列变压器相比，空载损耗平均降低10%，负载损耗平均降低25%。而S11系列变压器是在S9系列的基础上改进结构设计，选用超薄型硅钢片，进一步降低空载损耗而开发出来的，目前S11系列变压器的空载损耗比S9系列降低30%，但投资相对比较高。因此，从性价比来考虑，目前新建和改造的台区，主要采用S9型低损耗变压器，原来高损耗配电变压器已全部淘汰，S7型系列配电变压器也已逐步被更换。

3.容量选择

合理选择变压器的容量，也是变压器经济运行的要求。过去，在选择配电变压器时，由于缺乏科学分析计算，只依据用电户数大概来选择变压器容量，没科学依据。如果选择容量太小，会引起变压器超负荷运行，过载损耗增加，最终结果是烧毁变压器；如果配电变压器容量太大，出现"大马拉小车"现象，变压器不能充分利用，空载损耗增加。为此，在选择配电变压器容量时，应按实际负荷及5～10年农村电力发展计划来选定，一般按变压器容量的45%～70%来选择（根据运行经验，负载率40%轻载、60%正常、80%重载、100%超载）。另外，考虑到农村有其自身的用电特点，受季节性、时间性强及用电负荷波动大的影响，有条件的村庄可采用母子变压器或调容变压器供电，以满足不同季节、不同时间的需求。

（二）农网改造中10kV配电变压器的安装

1.台架安装

农网改造后，大多是使用双杆柱上安装变压器（容量小于400kVA），两杆的根开为2m。配电变压器台架用两条2.4m的槽钢固定于两电杆上，台架距地面高度不低于2.5m，台架的平面坡度不大于1/100。变压器脚底与台架用4根螺丝上紧，腰栏应采用直径不小于4mm的铁线缠绕两圈以上，缠绕应紧牢，腰栏距带电部分不少于0.2m。同时变压器的高、低压柱头要加装防尘罩，变压器要悬挂警告牌。另外安装铁件均需镀锌，并且100kVA以上的变压器要安装一台隔离开关。

2.跌落式熔断器的安装

变压器的高、低压侧应分别装设熔断器。高压侧熔断器的底部对地面的垂直高度

不低于4.5m，各相熔断器的水平距离不应小于0.5m，为了便于操作和熔丝熔断后熔丝管能顺利地跌落下来，跌落式熔断器的轴线应与垂直线成15°～30°倾角。低压侧熔断器的底部对地面的垂直距离不低于3.5m，各相熔断器的水平距离不少于0.2m。跌落式熔断器熔丝的选择按"保证配电变压器内部或高、低压出线套管发生短路时迅速熔断"的原则来选择，熔丝的熔断时间必须小于或等于0.1s。按规程规定：容量在100kVA及以下者，高压侧熔丝额定电流按变压器容量额定电流的2～3倍选择；容量在100kVA以上者，高压侧熔丝额定电流按变压器容量额定电流的1.5～2倍选择。变压器低压侧熔丝按低压测额定电流选择。

3.低压JP柜的安装

由于低压JP柜集配电、计量、保护（过载、短路、漏电、防雷）、电容无功补偿于一体，给安全用电提供了保障。所以农网改造以来，大量JP柜被用在10kV配电台区中，其选择与安装要求如下：

（1）JP柜的容量必须与变压器的容量相匹配；

（2）安装在杆架变压器下部角钢（2L70×7×3000）支架上的JP柜，必须安装老路，水平倾斜小于支架长度的1%；

（3）引线连接良好、并留有防水弯；

（4）绝缘子良好外观整洁干净、无渗漏；

（5）分合闸动作正确可靠无卡涩、指示清晰。

（6）低压电缆进、出线安装可靠。并且能防止小动物进出，造成柜内短路。

（7）低压绝缘引线安装可靠。

（8）JP柜柜门一定要关严，防止雨水进入柜内造成电气短路，或绝缘击穿对地漏电。

4.避雷器的安装

运行经验证明：影响配电变压器安全运行的外界危险大部分来自雷电事故。因此，变压器应装设防雷装置。应选用无间隙合成绝缘外套金属氧化物避雷器代替原有的阀式瓷外套避雷器，其工频电压耐受能力强，密封性好，保护特性稳定。

避雷器应装设在熔断器与变压器之间，并尽量靠近变压器。这样不仅能有效地保护变压器，且便于检修，还可以防止避雷器爆炸损坏变压器瓷套管等。另外，为了防止反变换波和低压侧雷电波侵入，应在低压侧配电箱内装设低压避雷器，从而起到保护配电变压器及其总计量装置的作用。避雷器之间应用截面不少于25mm2的多股铜芯塑料线连接在一起。为避免雷电流在接地电阻上的压降与避雷器的残压叠加在一起，作用在变压器绝缘上，应将避雷器的接地端、变压器的外壳及低压侧中性点用截面不小于25mm2的多股铜芯塑料线连接在一起，再与接地装置引上线相连接。

5.接地装置

目前农网改造中，农村小容量变压器布点多，雷雨季节10kV配电变压器经常遭受雷击，由于接地电阻过大，达不到规程规定值，雷电流不能迅速泄入大地，造成避雷器自身残压过大，或在接地电阻上产生很高的电压降，引起变压器烧毁事故。因此，接地装置的接地电阻必须符合规程规定值。对10kV配电变压器：容量在100kVA以下，其接地电阻不应大于10Ω；容量在100kVA以上，其接地电阻不应大于4Ω。接地装置施工完毕应进行接地电阻测试，合格后方可回填土。同时，变压器外壳必须良好接地，外壳接地应用螺栓拧紧，不可用焊接直接焊牢，以便检修。

接地装置的地下部分由水平接地体和垂直接地体组成，水平接地体采用4根长度为5m的40mm×4mm的扁钢，垂直接地体则采用5根长度为2.5m的L50×50×5mm的角钢分别与水平接地体每隔5m焊接一处。

水平接地体在土壤中埋设深为0.6～0.8m，垂直接地体则是在水平接地体基础上打入地里的。接地引上线采用40×4mm扁钢，为了检测方便和用电安全，对于柱上式安装的变压器，引上线连接点应设在变压器底下的槽钢位置。

6.变台引落线

新建和改造的变台的引落线均应采用多股绝缘线，其截面应按变压器的额定容量选择，但高压侧引落线铜芯不应小于16mm2，铝芯不应小于25mm2，杜绝使用单股导线及不合格导线。同时应考虑引落线对周围建筑物的安全距离。

高压引落线与抱箍、掌铁、电杆、变压器外壳等距离不应小于200mm，高压引落线间的距离在引线处不小于300mm，低压引落线间的距离及其他物体的距离不小于150mm。

（三）农网改造中10kV配电变压器的运行维护管理

1.巡视检查

变压器巡视周期以每月一次为宜，巡视项目如下：

（1）套管是否存在污秽、放电；

（2）油面是否正常、存在异声、异味（油位计1/4至3/4之间）；

（3）边接点有无锈蚀、过热和烧伤；

（4）分接开关是否正确，换接良好；

（5）外壳是否存在渗油锈蚀、接地、密封是否良好或存在老化现象，防潮砂是否变色（正常为白色、硅胶为浅蓝色，吸湿后变黄褐色、硅胶为淡红色）；

（6）铭牌及其他标识是否完好；

（7）一、二次熔丝是否完好；

（8）引线是否松弛、绝缘是否良好；

（9）台架高度是否符合要求，是否存在倾斜、下沉等，围栏是否完好；

（10）在负荷比较重的时候，适当增加夜间巡视，以检查接头，绝缘套管是否有异常，并及时了解变压器是否过负荷。

2.常见故障及处理

（1）变压器过热

故障原因：铁芯间绝缘或穿心螺栓绝缘损坏，产生涡流；绕组匝间或层间短路。

处理方法：吊芯处理绝缘；找出短路点处理绝缘。

（2）油温突然升高

故障原因：过负荷；接线松动；绕组内部短路。

处理方法：减小负荷；吊芯检查接头并紧固；检查内部短路点并处理。

（3）声音异常

故障原因：声音沉重，说明过负荷或有大容量设备启动；声音有尖锐的爆裂声，说明过电压，有绝缘击穿，内部接触不良；声音乱而嘈杂，说明内部结构或铁芯松动。

处理方法：增大变压器容量或改变大容量设备启动方式；检查电源，检查绝缘击穿原因并处理；检查内部结构或紧固螺栓。

（4）油色变化显著，油面过低

故障原因：油质变坏；油箱漏油；油温过高。

处理方法：处理油或换油；修补油箱并补补油；减少负荷。

（5）三相电压不平衡

故障原因：三相负荷不平衡；绕组局部短路。

处理方法：调整负荷；检查短路点并排除。

（6）绕组绝缘老化

故障原因：经常过负荷；超使用年限。

处理方法：更换绕组或大容量变压器；更换变压器。

（7）绝缘下降

故障原因：变压器受潮；油质变坏。

处理方法：干燥处理；取油样试验并处理或更换新油。

（8）油面上升或下降

故障原因：油温过高；渗漏油。

处理方法：减少负荷；检查渗漏油位置并处理。

（9）漏油

故障原因：接线端子接触不良，过热，密封垫老化；油箱有砂眼；螺栓松动。

处理方法：更换密封垫；将砂眼焊死；紧固螺栓。

（10）高压熔断器熔断

故障原因：内部短路；外部故障；过负荷。

处理方法：停止运行，排除故障；消除外部短路点；减少负荷。

（11）变压器着火

故障原因：铁芯扩穿心螺栓绝缘损坏；绕组层间短路；严重过负荷。

处理方法：吊芯处理，并涂绝缘漆；处理短路或更换绕组；减少负荷。

（12）分接开关放电

故障原因：开关触头压力过小；开关接触不良；开关烧坏；绝缘性能降低。

处理方法：更换或调整弹簧，增大压力；消除氧化膜及油污；修理或更换触头；清洁开关，进行绝缘处理。

3.相应措施

针对配电变压器的日常运行管理，要制定相应措施如下：

（1）除了严格执行安全工作规程外，还要每月对负荷至少进行一次测量，特殊情况下（如高峰负荷期间，负荷变化较大时等）可增加测量次数，对配电变压器负荷状况做到心中有数，为调整配电变压器负荷提供准确可靠的数据。

（2）定期对变压器进行巡视和小修，小修周期1至2年，特别是针对有无缺油、套管漏油、缺相、接点过热、放电、测量绝缘电阻（不低于出厂值的70%或300兆欧），个别密封胶垫劣化等现象进行。

（3）完善配电变压器的资料管理，并使用数码相机对现场情况进行记录，方便运行管理及故障处理。

（4）对不合格的配电变压器进行整改，如高低压套管上加装绝缘护套，防止老鼠等小动物引发的相间短路故障。

四、10kV继电保护装置的运行维护

10kV继电保护装置是电力系统非常重要的组成部分，对于整个电力系统的安全稳定运行有着决定性的作用。作为一种自动装置，可以快速地发现电力设备中的故障。若是发生短路等情况则会使系统中出现危险的大电流，进而使得局部的电压下降，这时继电保护装置就会通过继电器使短路的部分与整个系统进行短暂的隔离，从而减少停电的范围，保证其他地区的正常供电。另外，继电保护装置还可以在系统出现超负荷、低频率以及电压过高时发出信号，再由工作人员进行故障的排除，这样就能够对供电系统起到一个保护作用。

（一）继电保护装置的基本原理

1.电力系统故障的特点

电力系统在进行供电、变电、输电、配电和用电的过程中难免会出现一些系统运行上的故障。由于供电系统非常复杂，因此电力系统的故障类型也非常多，但是最常见的故障就是各种不同类型的短路事故。电力系统在运行的过程中一旦发生短路现象，就会使得供电系统的电流急剧增大，电压迅速减小，并且电压和电流之间的相位角也会发生一定的变化，这些就是电力系统故障的主要特点。

2.继电保护装置的几种类型

对于电力系统中可能会发生的一些故障，会利用一些继电保护装置来进行供电系统的维护。但是对于不同物理量所引起的运行故障的保护装置也是有差异的，这就形成了不同原理和不同类型的继电保护装置。主要有以下几种类型。

（1）反应电流变化的电流保护装置

这些装置主要有定时限过电流保护、反时限过电流保护、电流速断保护、过负荷保护和零序电流保护等。主要的原理就是通过供电系统中电流的变化情况来判断系统的运行情况，在供电系统的电流出现故障时可以及时地对整个的供电系统进行保护。

（2）反应电压变化的电压保护装置

这种形式的继电保护装置主要有过电压保护和低电压保护。其主要的原理就是通过供电系统中电压的变化来进行系统故障的分析，在发现问题时及时地保护供电系统。

（3）既反映电流的变化又反应电压与电流之间相位角变化的方向过电流保护

这些都是利用继电保护装置中对于供电系统在运行过程中的电流、电压以及相位角的变化判定系统的故障，从而实施正确的保护措施。

（二）10kV继电保护装置的基本性能要求

1.保护装置的选择性

10kV系统在供电运行过程中，如果有部分供电线路发生了故障，这时继电保护装置应当有选择性地自动、迅速得将发生故障的部分线路进行切断，从而保障非故障区域的线路能够正常的运行，这就是继电保护装置的选择性。但是当发生故障的设备或者线路本身的保护出现了拒动时，这时就会允许利用相邻的设备来进行系统线路的保护。

2.继电保护装置的灵敏性

继电保护装置的灵敏性主要是指在供电系统发生故障时，继电保护装置对于供电系统中发生异常工作状况的发现能力和反应能力。只要是在继电保护装置的工作范围内，无论故障的性质是怎样的都不能产生拒绝行为。但是如果是在工作范围外，则又不能产生错误的指令。保护装置的灵敏度越高，对于供电系统中轻微故障的反应能力就越强。

3.继电保护装置的可靠性

保护装置的可靠性主要是指其设计原理的准确、整合计算以及安装调试的正确性。同时还要求继电保护装置的各个组件的质量安全可靠，程序的运行维护要科学合理，并且要尽可能地简化相应的程序。通常来说，继电保护装置能够正确地识别供电系统故障发生的区域并及时地进行线路的保护，使得系统故障不会扩大，最大限度地减小故障发生所造成的损失。

4.继电保护装置的速动性

继电保护装置的速动性主要是指在供电系统运行过程中发生故障时尽快切除短路故障的反应能力。尽量的缩短继电保护装置切除故障的时间就可以减少系统发生故障时的短路电流对整个供电系统的损坏；并且还可以帮助供电系统尽快地恢复电压，从而提高系统运行的稳定性，提高自动化设备的使用效果，最大限度地减小故障波及的范围。这样才能够保证10kV系统在使用过程中的安全稳定。

（三）10kV继电保护装置的运行维护

1.反时限过流保护

反时限过流保护主要是指，在10kV供电系统运行过程中若发生故障，则继电保护装置会根据线路中的电流反应进行保护。发生短路的电流越大，相应的动作时间就越短，反之，则动作的时间就越长。反时限过流保护是由感应型继电器组成的，其本身是启动原件和时间原件的结合体，并且触点的容量非常大，可以不使用中间继电器而进行直接的跳闸行为。另外，这种反时限过流保护装置还带有机械掉牌信号装置，可以实现更加简便的保护接线。

但是在使用时应当注意，继电器在其常闭触点断开时一般为先失电返回，这就使得其触点不能够闭合，所以跳闸线圈就不能正常地通电跳闸。反时限过流保护的特征曲线如下图所示。

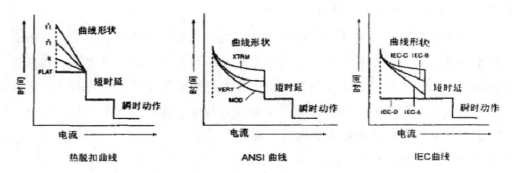

图7-1　反时限过流保护特征曲线

2.定时限过流保护

定时限过流保护是和时间有着密切关系的一种继电保护措施，即在规定的时间内进行固定的保护。时间是靠时间继电器进行调整的，在一定范围内有连续可调性，所以对于10kV供电系统中不接地的系统来说，其采用的方式主要是尽量使得被保护的线路躲避电流负荷，只有出现的电流较大时才会采取一定的保护措施。所以，在使用定时限过流保护时要注意两点：首先，发动机在正常的启动运行的状态下时，线路中会有正常的电流通过，这时继电保护装置是不对其产生任何动作的；其次，在供电系统运行过程中发生了故障从而产生了异常电流时，继电保护装置应当及时地发生保护动作并进行故障排除。在实际运行当中，距离电源越近所用的反应时限就越长，因此就需要与速断电流保护同时应用，从而达到技术上的互相弥补。

3.电流速断保护

在10kV供电系统运行时，如果线路中出现短路等现象就会影响整个电路的运行，严重时还会使得供电系统的电网被烧毁。因此就需要电流速断保护装置在系统发生故障时迅速的切断电路，从而减小事故的损失，维护供电系统的正常运行。一般来说，电流速断保护又可以细分为瞬时电流速断保护和略带时限的电流速断保护两种，前者在进行供电系统的保护时其动作电流必须大于保护范围外部短路时的最大短路电流，主要是按照被保护线路的末端产生的电流来进行整合规定的。这就保证了速断的范围被限制在被保护线路的内部值中，最大程度的保证电路的安全运行。但是这种方式在整定值的选择上有着很大的局限性，所以在使用时要尽量和其他的保护方式同时进行，不要单独使用。

4.三段式过流保护装置

在10kV供电线路中，由于上述所说的瞬时电流速断保护只能保护线路的一部分，所以在实际的保护操作中一般只会将其作为一种辅助的保护形式。为了对线路进行更加有效可靠的保护，经常会将瞬时电流速度按保护和定时限过流保护进行相应的结合，从而形成两段式的电流保护形式。第一段电流保护会在其线路允许的情况下用电路的瞬时电流速断切除变压器高压侧的故障，这也就表明了其保护的范围可以是线路的全长甚至延伸到变压器的高压侧，这也是整个线路的主保护。第二段采用的是定时限过流保护，也称为后备保护，其范围就是线路以及变压器的全部。在实际的应用中通常还会采用三段式的电流保护，就是将略带时限的电流速断设置为第二段的主保护，瞬时电流速断和定时限过流保护分别作为第一段和第三段来进行辅助保护。这种保护方式可以在相邻的线路保护拒动时启动后备保护，从而使得供电线路的运行更加安全，其主要的原理图如下图所示：

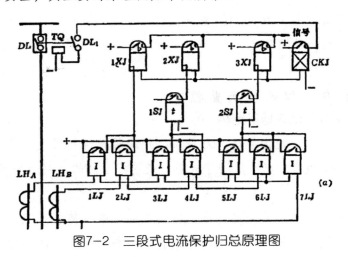

图7-2 三段式电流保护归总原理图

第八章　电力电缆运行维护及故障探测

第一节　电力电缆的运行维护

一、电力电缆运行维护工作的主要内容

电力电缆的运行维护工作主要分为4个部分：电力电缆的接头监控、电力电缆的线路巡视、电力电缆线路的反外损措施、电力电缆的定期红外测温。

其中，电力电缆的接头监控是在电缆投入运行前进行的，其目的是确保电力电缆的中间接头与终端接头符合安装工艺要求，减少因为安装不当而产生的故障发生可能性。电力电缆的线路巡视（包括了线路巡视以及变电站周期巡视与重要线路保电特巡）、电力电缆线路的反外损措施与电力电缆的定期红外测温是电力电缆运行过程中的常规维护工作，同时也是运行维护的重点工作。而电力电缆的反外损措施与定期红外测温更是其中的重中之重，直接关系到电网运行的可靠性。

二、电力电缆的接头监控

（一）电力电缆的基本结构

电力电缆一般都是由导体、屏蔽层、绝缘层、保护层这四个部分所组成的，在电力电缆制造厂家一次制作成型，是现代电网的重要组成部分。

1导体

导体就是电力电缆的导电部分，即传导电流的载体，是电缆的核心组成部分。电力电缆的导体一般都是选用铜和铝两种材料，铜的导电性能更好、机械性能也更强，但分量较重、价格较高，是目前电力电缆最主要的导体材料选择；铝的导电性能较弱，分量更轻也更便宜，在电力架空线路中使用比较广泛。

2.绝缘层

绝缘层就是通过绝缘材料将导体和大地以及不同相的导体，在电气意义上进行隔离，是电力电缆结构中的重要组成部分。绝缘材料可以大致上分为两种：即纸绝缘和交联绝缘，其他的一些绝缘材料如橡胶和冲油绝缘等等都使用的比较少。油浸纸绝缘电缆就是用油浸纸作为绝缘材料的电力电缆。塑料绝缘电缆就是以挤压塑料为绝缘材料的电力电缆。常用的塑料有交联聚乙烯、聚氯乙烯等等。塑料电缆的结构更为简单，制造加工更为方便（一次冲压成型），且重量较轻，敷设安装较为方便，且也不受敷设落差限制。因此广泛应用作中低压电缆（35KV及以下等级的电缆）。交联电缆的最大缺点就是存在水树枝、电树枝现象，限制了其在更高电压等级的使用。

3.屏蔽层

电力电缆有两种屏蔽层：半导体屏蔽层和铜屏蔽层。对于电缆结构中的"屏蔽层"来说，它实际上就是一种改善电场、磁场分布的方法。电缆的导体是由多股导线所组成的，导体与绝缘材料之间很容易就会产生气隙，而如果导体表面不够光滑的话，那么就有可能会造成电场集中。在导体的表面加一层半导体屏蔽层之后，避免了在导体与绝缘层之间发生局部放电现象，这一层半导体也被称为"内屏蔽层"。而在护套和绝缘表面接触的地方也可能存在间隙，这就是引起局部放电的缘由，所以在绝缘层表面外再加上一层半导体层，使得它与绝缘层有良好接触，与金属护套等电位，那么这样就可以减少绝缘层与护套之间发生局放，这一层屏蔽通常又被称作是"外屏蔽层"。

4.保护层

电力电缆保护层的作用就是保护电缆本体免受外界杂质的影响，并防止人为施工时损坏电力电缆。电缆保护层有很多种不同的对应材料来对应不同的电缆敷设环境，比如双层防腐钢带绕包、单层细钢丝铠装、单层粗钢丝铠装、单层钢带皱纹纵包铠装、双层钢带皱纹纵包铠装等。

（二）重视电力电缆接头监控的原因

电力电缆终端头的作用是将电力电缆与其他电力设备相连接、电力电缆中间接头的作用是将两条电缆连接到一起，使其电气连接畅通、绝缘连接可靠。电缆终端头与中间接头作为电缆附件应与电缆本体一样能长期安全运行，并具有与电缆本体同样长的使用寿命。而就像前面介绍的电力电缆本体是一次成型制造，虽然电缆本体的长度比电缆接头要长得多，但是电缆本体发生故障的情况却是远远比电缆接头要少得多。

因此，作为电力电缆的运行维护人员，虽然电力电缆的中间接头制作不属于我们的工作范畴，但是电缆中间接头的质量将直接影响到电力电缆的运行寿命。实际工作中在去除外力破坏的情况下，大多数电力电缆运行故障都是发生在电缆中间接头的位置！因此，对于电力电缆的中间接头制作过程，电缆运行维护人员必须进行监控，通过严格的技术标准来要求接头制作人员，确保电缆能够长期安全运行。

（三）电力电缆接头监控的准备工作

1.电缆接头时对环境的要求很高，因此要做好环境清洁，接头场地要有防尘、防雨措施。

2.同样的，保持环境整洁的同时，安装工具使用前也必须擦干净，交联与油纸电缆工具要分开放置。

3.在清理绝缘表面时要清揩，从绝缘层顶部向半导体绝缘层方向，不得反向。

4.对于35kV预制头，需对端部电缆进行"加热校直"。方法是使用夹具将电缆端部夹紧，均匀烘热，冷却2小时后拆除夹具。这样能保证电缆端部没有细小的弯曲，在预制头的带电运行过程中不会发生故障。

（四）剥切电力电缆

在剥切电力电缆时有下面4点需要注意的地方，严格按照电缆剥切要求是为了保证半导体层、绝缘层都能发挥出其应有的作用。现在的电力电缆剥切尺寸是经过严格论证和实验后得到的，如果没有按照要求操作，就可能损坏绝缘或半导体层，导致电场分布不均，进而产生故障。

1.剥除电缆的每一道步骤都必须保证不损伤内层需要保留的部分；

2.裸露的绝缘表面不可留有刀痕或半导体层残留；

3.半导体层端面与电缆轴面垂直、平整；

4.剥切尺寸控制。

（五）电力电缆接头导体的连接

导体连接要求，选择圆形围压、六角形围压或点压方法进行压接。压接前应核对连接管或鼻子尺寸与电缆导体尺寸，选用适配截面的连接管或线鼻子，根据截面选择合适吨位的压接钳和模具。压接达到一定压力时或合模后，保持压力10-15秒，再松开模具，压接后接管不能有明显的弯曲。

需要注意的是接管压接时，接管及导体上的尖角、毛边、棱角等都应用锉刀锉去并用砂纸打光，若采用点压压接时，接管压坑要用铝箔纸填平，并在其表面覆上一层铝箔纸；接管压接完毕后要有足够的机械抗拉强度；接管压接顺序应从中间向两边逐步压接，线鼻子则应从上至下进行压接（过渡接头应使用塞止接管）。

导体连接是相当关键的一步，如果在压接时没有安装要求操作，压接处产生了弯曲或是导体上有尖角、毛刺，那么就会使得电缆接头处的电场分布不均匀，时间长了以后导致局部发热，最终击穿绝缘。

（六）电力电缆接头预制件的安装

电力电缆接头预制件的安装应先检查预制件是否完好及清洁，并在内壁上涂抹专用硅脂，套入时应边转边推，且应尽量用手压着顶端不漏气，使预制件受压后自动扩张，安装完毕后应检查预制件是否定位在要求位置上。且特别注意预制件半导电部分不得涂硅脂。

（七）电力电缆接头的加热热缩

电力电缆接头的加热热缩时应从一端热缩至另一端或者从中间向两端热缩，以便管内气体能顺利排出。热缩完毕，热缩管表面应平整光滑无皱纹，内部无气隙，热缩后管材壁厚均匀，且表面不能有烫伤痕迹，若电缆发生弯动后要重新加热收缩。如果热缩管表面有褶皱，或是产生了气泡，同样会引起电场分布不均匀，在长时间的作用下引发击穿。

（八）接地线的焊接与连接

接地线的焊接应先在铜屏蔽带或钢带上涂焊底锡，再将接地线与铜屏蔽带或钢带进行连接，连接时要有足够的焊接面积。接地线的截面应满足相关技术要求，与接地系统连接时接地线应用线鼻子压接。如有零序流变，应用绝缘导线，如接地连接点高于零序流变时接地线应穿过零序流变。

（九）电力电缆的尾线搭接

连接自落熔丝下桩头或直接架空线，尾线应采用硬铜导线，但不能小于35平方毫米，直搭架空线时铜线应用铜底座线夹，70平方毫米以下用2只线夹，95平方毫米以上用3只线夹，线夹底座贴架空线，铝线用过渡线夹或异型铝并沟线夹，并沟线夹每相用3只夹头，要涂上电力脂，防止氧化的产生。

因此，想要避免发生在电力电缆接头处的故障，首先就是要做到使电缆接头可控，提高接头质量，同时，定期进行电缆接头测温工作也能发现缺陷，避免故障。

三、电力电缆的线路巡视

中低压电力电缆线路巡视标准化作业的包括巡视前准备、作业项目、巡视流程图、巡视周期标准与记录等要求。其中，中低压电缆指适用于35kV及以下的电力电缆线路巡视标准化作业。

（一）巡视前的准备

在巡视前，巡视负责人应检查电缆线路巡视所需携带的备品备件与材料，如电缆标志牌、电缆警示带和等，以及应携带的工器具与仪器仪表主要包括防护器具、仪器仪表等，如望远镜、照相机、应急灯、供电箱钥匙、红外测温仪等等。

巡视负责人应做到：对电缆运行巡视工作全面负责；组织巡视人员安全、高质、按期完成巡视工作；发现缺陷及异常时，准确判断类别和原因，及时汇报班长并做好记录；监护巡视人员进行现场职责范围内的消缺。

巡视人员应做到：严格按运行规程及作业指导书进行作业；对本项作业的工艺和质量、进度负有责任；发现缺陷及异常时，准确判断类别和原因，及时汇报巡视负责人并做好记录；进行现场职责范围内的消缺。

（二）作业程序与要求

1.作业流程图

根据现场设备和电缆路径实际情况确定巡视流程图，如下图：

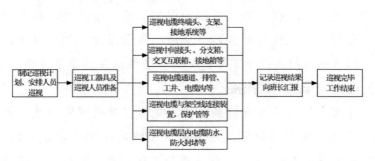

2.定期巡视

（1）电缆通道及户外终端每2周巡视1次。

（2）电缆线路每月巡视1次。

（3）开关柜、环网柜、分支箱等封闭仓位内的电缆终端结合停电巡视检查。

（4）对于供泵站、唧站的电缆线路，在每年汛期前进行巡视检查。

（5）对于电缆线路通道附近有施工工地需要防护，或电缆线路运行状态评估较差时，可适当缩短巡视周期。

3.非定期巡视

（1）电缆线路发生故障后应立即进行故障巡视，还应对同一用户或电站供电的其他电缆线路开展特殊巡视，保障供电安全。

（2）因恶劣天气、自然灾害、外力破坏等因素影响及电网安全稳定有特殊运行要求时，应组织运维人员开展特殊巡视。

（3）对设备运行、故障、消陷中发现的家族性设备缺陷，应组织运维人员开展特殊巡视检查，制定消缺方案。

4.保电巡视

（1）运维单位在重大活动保电的准备阶段，应建立有保电电缆线路清单。

（2）运维单位在保电工作的准备阶段，应组织运维人员开展保电电缆设备的巡视检查，完成查缺、消缺以及隐患排查、治理工作。

（3）运维单位应编制供电保障的工作方案，明确巡视组织的方式和标准与要求，组织运维人员开展保电特巡工作。

（三）巡视项目和标准

1.电缆终端巡视项目及对应的巡视标准

（1）终端处温度：检测终端头整体、尾管、底座、护层接地连接处、与架空线连接处、避雷器及其电气连接处红外热像，红外热像检测方法详见《配电电力电缆线路红外测温标准化作业指导书》。

（2）终端头套管：无渗油、无严重污垢、无倾斜、无裂纹，油压值正常，无异常放电现象，无放电痕迹，无锈蚀。

（3）终端头法兰盘：终端头法兰盘同终端头尾管、电缆套管应紧固，电缆头支架无锈蚀。

（4）终端头密封件：密封良好，无渗漏。

（5）终端头护层接地：接地电缆同终端头尾管、接地箱、接地极间应紧固良好，无锈蚀，接地装置外观检查良好。

（6）终端头金属部件：终端头上相色标志清晰、无脱落，金属部件外观表面无损伤。

（7）终端头电缆：固定电缆金属无锈蚀、变形、丢失，电缆保护完整，电缆护层无损伤，电缆保护管完好，围墙无损坏，电缆线路标牌完整，名称相位标志清晰。

（8）终端接地：与接地极接触良好、牢固，固定螺丝无严重锈蚀，无偷盗现象。

（9）电缆户外终端：

正常巡视时，检查电缆终端杆塔周围有无影响电缆安全运行的树木、爬藤、堆物及违章建筑等，运行标志是否齐全，终端杆塔及围墙没有下沉和歪斜现象，电缆终端温度符合相关要求，电气连接点固定件有无松动、锈蚀，引出线连接点有无发热现象；

夜间巡视时，重点检查终端头周围是否有明显的电晕、爬电现象，端子连接处是否有明显发热现象，终端头是否有放电声响；

故障巡视时，重点检查看终端头是否有爆炸、烧损痕迹。

2.电缆沟、工井及电缆巡视项目及对应的巡视标准

（1）电缆沟盖板及井盖：

电缆沟盖板应齐全、完整，无破损，封盖严密，电缆工井盖无破损，无丢失。

（2）电缆沟、管：

沟内电缆支架牢固可靠，无严重锈蚀，电缆排列有序，阻火墙完好；

孔洞封堵严密，保护电缆所填砂及砂石C15砼护层无破损，砂应无流失，完好；

全线电缆沟、管应无挖掘痕迹及线路标桩应完整无缺，电缆保护范围内无开挖等异常；

沟内无居民倾倒液化气及煤气管道泄漏等刺激性气味；

敷设于桥梁上的电缆，应检查桥梁电缆保护管、沟槽有无脱开或锈蚀，检查盖板有无缺损。

（3）工井：

进入电缆工井内，首先采取措施后方可继续工作，即排除井内沼气、有毒气体，戴安全帽，井口应有专人看守，检查时如有刺激性气味或身体不适，应迅速离开工作现场；

电缆结合（竖）井内应无积水、积油、杂物，电缆应排列整齐，固定可靠，支架及金属件无锈蚀，防火设施、涂料、阻火墙完好。

（4）周边环境：

电缆沟、管、结合井（竖井）表面无违章建筑物、堆积物；沟体无倾斜、变形及渗水；

电缆沟、管、结合井（竖井）沿线应能正常开揭，便于施工及检修；

市政部门沿电缆沟、管、结合井（竖井）铺设人行彩砖（大理石），应检查市政单位是否按规定办理相关手续；

检查电缆保护范围内有无违章施工；

故障巡视时，应沿故障电缆路径进行全部查寻，查看是否有外力破坏，沿线地表是否有爆炸的痕迹，询问群众是否听到异常响声、看到异常现象。

（5）电缆：

电缆沟、管、结合井（竖井）表面无违章建筑物、堆积物；沟体无倾斜、变形及渗水；

电缆沟、管、结合井（竖井）沿线应能正常开揭，便于施工及检修；

检查电缆保护范围内有无违章施工；

故障巡视时，应沿故障电缆路径进行全部查寻，查看是否有外力破坏，沿线地表是否有爆炸的痕迹，询问群众是否听到异常响声、看到异常现象。

4.记录与检查

巡视人员将每次巡视记录录入生产系统（PMS系统），异常情况（缺陷、反外损）等要及时上报并在系统内启动流程，运维班班长对巡视人员的巡视质量应定期抽查与考核。

第二节　电力电缆线路的反外损措施

电力电缆的运行维护工作中，电缆线路的反外损工作一直是其中最重要的内容，并且没有之一，因此接下来将对这一部分进行详细而系统的进行介绍。

与架空线相比，电缆线路有不少的优点：

（1）电力电缆通常埋在地下，能够适应各种环境，基本上不占多少地面空间，而且在一个地下通道中，就可以容纳多条电缆线路，便于管理。

（2）电力电缆线路的供电可靠性较高，较少发生触电事故对于人身也比较安全。

（3）在城市电网中，电力电缆属于隐蔽工程，较美观。

（4）电力电缆线路的运行维护费用比较小。

（5）电力电缆的电容能够改善部分电力系统功率因数，有利于降低供电成本。

但是，在拥有这些优点的同时，电缆线路相对于架空线来说也存在着一个最大的问题——那就是电缆线路埋在地下，不像架空线那么明显，容易被房产施工、市政工程、其他管线抢修等工程所忽略从而造成外损。为了保证电力电缆运行的安全可靠，必须要运行维护人员付出更多的精力和时间。

一、电缆施工的质量监控

（一）管线施工规划间距

电缆运行人员首先应保证自身电缆的安装质量达到标准，因此对新安装的电缆施工质量、故障修复后的电缆施工质量需进行过程监控，以保证运行设备的安全。运行班长每天书面布置运行人员监控任务，运行人员接到任务后，应对布置的每一工地的施工质量的过程监控，并将监控过程及内容交被监控人进行签证，发现有施工质量问题即填写质量整改单交运行专职检查。各类管线应在道路规划红线内，平行规划红线敷设，走向顺直，并有各自独立的敷设带。除特殊情况时，可根据现场的具体情况确定管线位置，并交由电力公司负责人审核通过，管线平面布置应当按照规定保持必要的间距。

（二）电缆排管施工质量监控

对电缆管道的施工应检查电缆排管的外箱体是否平整，钢筋及内衬管是否外露，钢筋的规格是否符合要求以及水泥配比等。按排管施工的技术原则，排管敷设应在地面标管-1米。因有特殊原因不能满足要求的，应按下列原则对排管进行保护。

（1）复土标高在-0.3米至-0.5米时应在排管箱体上复加2公分钢板保护。

（2）复土标高在-0.5米至-0.7米时应在排管箱体上加做钢筋混凝土保护，复土标高小于-0.3米时，不得再建电缆排管。

运行人员在超高压等重要线路，应提出竖护线宣传标志牌，给人们以警视作用确保电缆安全运行，标志牌竖立按要求每隔100米1块。

二、工地巡视流程

一般有两种发现工地的途径，即施工单位会议通知和巡视中发现工地。

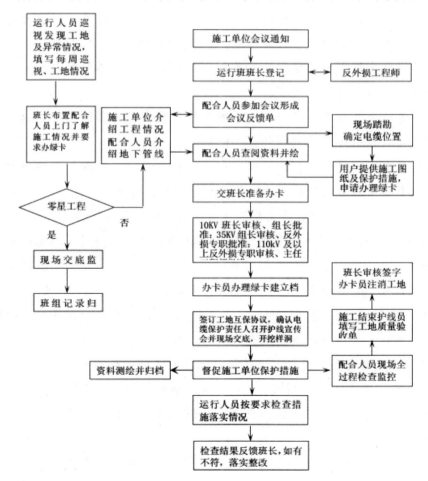

三、针对具体情况的电缆反外损措施

（一）直埋电缆的反外损措施

1.电缆通道（即保护区）的宽度为线路两侧各为0.75米。

2.电缆线路并行两侧，各0.75米范围内为电缆保护区，严禁机械挖掘，如必须使用机械，应开挖足够的样洞，确定电缆走向，划出允许开挖线方能施工。

3.在开挖路面之前，须在电缆沿线设置"高压和有电危险"的标志牌，作明显标记，并配合专人监护，穿越或在电缆邻近施工，应事先联系。

4.施工中挖出的电缆，如暴露较长时间，施工单位必须按我运行监护人员的意见，采取临时保护措施，保护措施及使用的材料，必须要得到电力管理部门的书面认可和必要的草图，护线员对保护措施应定期检查，以确保措施的落实。

5.施工中挖到电缆保护板时，应停止施工，通知电缆监护人员到场后，方可启动盖板，但到电缆盖板拿掉后，不准使用尖锐的工具进行施工。

6.工程结束覆土前必须通知我监护人员到场检查，不得擅自复土，否则需重新开挖检查，并按章处理。

7.凡涉及重要线路和电缆较复杂的市政工程，电力部门必须与施工方签订护保安全协议，并加强其现场监护检查。

8.凡应施工需要而挖掘的工程，应责成施工单位在电缆位置的保护区两侧挂设醒目的警告牌，警告牌的数量应根据现场情况来决定。

9.在电缆上方不得堆放任何施工材料及有强酸、强碱等物品。

10.在施工现场凡涉及电缆的位置，如无法在保护区内挂设标志牌时，应要求甲方或施工单位在电缆的横向或纵向的同一轴线上，设置明显标志（最好用白底红字），并注明尺寸，以提醒施工人员注意对电缆的保护。

11.在工程中，如遇管道和电缆相冲突时，应与我单位有关人员的协商下，方可通过，不能强行移动电缆。

12.需要在电缆下方挖空时，必须对电缆、电缆接头或电缆排管进行悬吊的保护措施，悬吊间隔部超过1米～1.5米，接头悬吊时应将接头水平绑扎在宽度与接头盒相仿、长度为接头盒的1.5倍的强度足够的木板上，使接头盒与电缆同时悬吊。

13.电缆恢复时，其下方的回填土应分层夯实，接头盒和排管下面应砌砖墩支持，避免沉降，砖墩应从硬土层开始。直埋式电缆下面，严禁砌砖墩。

14.开挖的沟槽或基础深度与开挖边缘到电缆距离之比不足1：1.5时，应采取防止电缆移位的保护措施，开挖深度在1米以下时，根据土质情况，用撑板撑牢，开挖深度较大时，必须增设电缆位移监测点，必要时，可挖去电缆保护盖板上方的土体。

（二）电缆排管的反外损措施

施工单位在施工中经常会碰到，与我们电缆和电缆排管交叉与平行，这样护线员就应提出对电缆和电缆排管的保护，在保护中应做到以下几点：

1.掌握管线规划的原则，不允许非电业管线重叠，平行时应保持净距离。

2.在施工区域内的电缆应做好明显标志，设置电缆保护区。

3.直埋管线离电缆较近，应做好防塌方措施，对暴露在外的电缆应用毛竹，塑料管包好防止碰伤，悬吊；距离应保持1～1.5米一道对于接头应用木版衬填后水平悬吊，回填时应检查电缆下土体是否密实，石板是否盖正。

4.过路管的接口应砌砖墩衬托，回填土体一定要密实，防止今后重车造成过路管变形沉降。

5.电缆及电缆排管附近有打桩、基坑开挖时应设置好监测点，并要求施工方做好应急措施。

6.穿越电缆排管，小口径应在两边砌砖墙，回填黄沙并用水冲实，管底与电缆箱顶保持净距离，管子的接口不能放在箱体处，避免今后在检修时带来麻烦。

7.对于大口径的管子与电缆箱体交叉，要有专门的保护措施，向施工方提出最好正交，电缆箱体下用托架，根据开档的大小要加支撑，回填用黄沙并用水冲实用商品混凝土填实。

8.施工管子与电缆排管平行，且比电缆排管深，应对电缆排管做好围护，要求开挖区域范围不能太大，做好防塌方措施。特别要注意拔桩造成的土体位移。

9.电缆的工井附近施工，要设置专门的围护，严禁的电缆工井处拔桩。

10.在电缆排管和工井附近施工，有条件还要设置监测点，随时观察电缆排管工井形变情况。

（三）地下通道穿越电缆排管

目前在市政重大施工中经常会碰到地下通道与电缆排管交叉穿越的问题，施工方为节省费用往往采取对电缆排管不搬迁的态度，在这问题上电缆保护的是有一定难度的应从以下几方面考虑：

1地下通道的宽度（一般情况下地下通道的净宽为8～9米）。

2地下通道的围护结构采用的方式。

3.围护结构封口的方法。

4.电缆排管保护的形式和方法。

5.支点的选择。

6.现场组织措施的落实。

7.监测方案和措施

8.应急预案。

9.回填的措施。

（四）顶管及非开挖施工的反外损措施

顶管施工工艺目前已被广泛采用，由于受道路下管线交通等诸多因素的影响，地铁、雨污水等大口径管道从明开挖改为顶管施工。在顶施工前施工单位首先要确定工作井的位置，我们在得到信息后应及时向施工方提出对在工作井区域内的管线进行搬迁，对工作井附近的管线进行保护的要求，同时要了解以下情况：

1.工作井周围的土质情况。

2.工作井采用何种围护。

3.管线在工作井附近位置及距离。

4.监测点布置的合理性。

顶管施工过程中对于管线而言有可能出现管线沉降的情况，严重的可能会造成管线事故，所以在施工前必须要考虑和加以控制的问题。

在进行顶管施工时，出入洞口应当特别注意，施工时应充分考虑到出入洞口的安全、可靠。尤其是从建成的工作井出洞口开始进行顶管，在进出洞阶段极易出现大范围的沉降，一般情况下施工单位的组织设计时应已考虑到这些问题，但由于施工队伍的技术能力等因素，往往在机头在出洞初期，复土层较深的情况下，前几节混凝土管可能出现向后退的情况。

非开挖施工适用于电力、通信、煤气、上水等小管径施工。但非开挖施工处置不当极有可能造成管线损坏，在非开挖施工中应注意以下几方面：

1.非开挖基坑选择必须与管线保持净距离，要考虑工作井位置。

2.非开挖入土点的深度，在入土点和出土点附近有管线要考虑拉管上抬的距离。

3.要考虑本公司和外公司同是非开挖时的位置。

4.非开挖曲线图的绘制。

5.要求施工单位把管线绘制在曲线图上并制定纵横向的单位。

6.对已有的非开挖资料复测。

探测精度要求

地下管线水平置限差ts＜0.1h

地下管线中心埋设深度限差th＜0.15h

（h为地下管线的中心埋深，以厘米计，h＜100cm则取h=100cm）

非开挖交底安全距离计算：

1.采用物探测试

（1）探测精度要求

地下管线水平置限差ts＜0.1h

地下管线中心埋设深度限差th＜0.15h

（h为地下管线的中心埋深，以厘米计，h＜100cm取h=100cm）

（2）避让距离=探测误差+扩孔距离+施工误差+法定保护距离

2.采用已有非开挖资料

（1）确定已有管线自然标高有无变化，必须是原标高。

（2）避让距离=扩孔距离+施工误差+法定保护距离

3.采用陀螺三维测量

（1）必须出成果图

（2）避让距离=根据成果图+施工误差+法定保护距离

第三节 电力电缆的故障探测

一、电力电缆故障分类

不管什么样的设备，在运行过程中都有可能出现运行故障，因此定期的排查和巡检是非常必要的工作内容，电缆是高负荷的运行设备，电力的输送，对其提出更高的要求，在电缆运输电力的过程中，出现问题最大的是初期的运行阶段和后期的运行阶段，这两个阶段容易出现电缆故障的主要原因是在前期电缆设备刚刚投入使用时，由于前期质量监控的疏漏和安装不合理，均会导致电力电缆的运行故障。在后期的运行过程中，由于电缆和配套附件的老化，整体的故障率会逐渐升高，而在电缆输送的整个过程中，中期的运作是比较平稳的，原因是设备运行流程已经比较规范，故障发生的概率相对较小。因此，对于电力电缆的常见故障，需要我们针对其发生的类型进行分析。

1.电缆开路故障

开路故障是指电力的电压无法通过电缆设备正常传输到终端，或者是几时传输到终端会因为其较差的负载而无法达到电缆电力传输的效果。在开路故障中，比较典型的就是短线故障。

2.电缆低电阻故障

电缆的低电阻故障是指电缆接地绝缘出现故障，因为电阻减小，当降低到一定的水平时，电缆便会停止工作，比如说短路的情况，当出现短路时，电阻几乎为零，导致电流无限增大，出现电缆的短路故障。

3.电缆高电阻故障

这种电缆故障主要表现在接地的绝缘电阻因为电阻值过高导致高电压击穿绝缘层的现象，这种故障的特点是具有闪络性，对地电阻值非常高的时候，在进行电缆的故障检测时，为了测试电流，必须对其施加较高的电压，当电压达到临界值时，击穿的现象就会出现，电流强度瞬间增加，呈现闪络性的波动现象。当电压进一步降低和减小时，这种现象便会消失。

二、电力电缆故障出现的原因

电力电缆设备出现故障的原因有很多，主要集中在以下几个方面。

1.电力电缆设备的损伤

机械故障是电力电缆故障中最常见的一种现象，产生电缆设备这些故障的原因主要表现在以下几个方面。一是在铺设电缆设备的时候，设备施工人员不注意施工作业的规范性，导致电缆设备的损伤，或者绝缘层在施工过程中被破坏，在切割的过程中，因为操作不当导致的刀痕过深和尺寸过大等现象。而是在电力电缆的运输过程中，出现的电缆外表绝缘层损伤的现象。三是由于自然因素和不可抗的外力导致电力电缆设备的损坏。

2.电力电缆设备的腐蚀性损伤

电缆设施的损伤主要有化学性的损伤和电腐蚀性的损伤。化学腐蚀的损伤主要是来自于电缆存在的环境中具有腐蚀性的物质存在，这些化学腐蚀物质会在一定的条件下产生腐蚀作用，从而造成电缆外表皮出现大面积损伤，影响电缆的正常功能。电腐蚀是由于电力传输过程中会伴随强烈的磁场。电缆一般存在于地下，在强烈的地磁场中，电缆的绝缘层容易遭到破坏，导致地质中的潮气侵入，进而引发电缆故障。

3.电缆的超负荷工作

社会的发展对电力配送提出了更高的要求，这也导致了在当前的配送网络环境下，电缆的电能输送压力，如果电缆在长时间处于超负荷的运转中，就会出现提前老化和变硬的现象，绝缘效果变差，使用寿命变短，运输电力的能力和效果降低等，当然，在其他的环境条件限制下电力电缆的设备也容易出现发热的情况，比如电缆线路比较密集、通风不良的隧道中，都会因为出现较多的热量而无法及时散热导致电缆的损伤和破坏。

三、电力电缆故障的探测方法介绍

（一）电桥法及低压脉冲反射法

过去，电桥法和低压脉冲反射法是故障测量的重要方法。两种方法对低阻故障探测较准确，但对高阻故障的探测就不太适合，因此常常会加大电流，使故障点通过大电流，使得其绝缘烧穿，达到降低电阻的目的。但是这样会对其他完好的电力电缆绝缘部分产生不好的影响，所以现在较少使用。为了应对高电阻故障，高压电流闪测法和高电压闪测法提供了两种解决的方案，现在这两种方法应用较广泛，而且使用的经验也很丰富，但是仪器的盲区依然是一个问题，且需要依靠运行人员的经验辅助判断，误差相对较大。

（二）二次脉冲法

低压脉冲结合高压发生器，发射一个冲击脉冲，在故障处产生电弧的一瞬间，通过内部仪器发射一个低压脉冲，这个脉冲将在故障处发生短路反射，然后将反射波形记忆在仪器中，当电弧熄灭后，然后再发出一个正常的低压测量脉冲，这一次的低压脉冲在故障点没有击穿后产生的通路，直接就会到达电缆末端，然后就会在电缆末端发生一次开路反射。将两次的低压脉冲波形放在一个坐标轴下对比，就能够清楚判断出故障点的位置。故障探测仪器会自动进行匹配，然后判断计算出故障点的距离。二次脉冲法的出现，使得电缆高阻故障测试和低阻故障一样也变得十分简单了。

（三）基于零序直流原理的电力电缆故障检测方法

作为电力电缆安全运行的重要保障电缆保护接地也称电缆铠甲（屏蔽层）保护接地，其作用是将电缆的接地点的电位保持在定值，以保持电网在不同状态时（过电压、故障）接地点电位的稳定。

四、电力电缆故障的预防

电力电缆的安全运行对电网的正常工作具有重要的影响，所以如何进行故障预防具有重要的作用。，具体措施包括以下几方面：

（一）加强电力电缆的反外损工作

由于超过一半的电力电缆故障是直接或间接由机械外力损坏引起的，因此加强电缆设备巡视密度，做好电缆反外损工作可以明显减少电缆故障的发生率。

（二）做好电力电缆的日常维护工作

加大电力电缆的日常维护工作力度，使电缆始终处于最佳运行状态。还有，因为很多的故障都是由于人为操作不当造成的，因此通过定期组织培训提高操作人员的专业素质和责任心，规范他们的操作，可以有效提高电网运行可靠性。

（三）重视电力电缆通道的选择

电力电缆一般是从地下通过的，通道选择的合理与否，对于电缆能否安全运行具有重要的作用，由于土壤的成分有可能会腐蚀电缆，所以必须通道经过的环境和突然进行合理分析，避免腐蚀问题造成电力电缆出现故障。同时，选择合适的电缆通道位置也能减少其他管线单位重复开挖路面，发生电缆外损故障的可能性。

（四）对电力电缆的选用材料进行变革

过去，电力电缆的材料主要选用油质绝缘电缆，由于其成本比较低，使用寿命长，制作工艺比较简单，占有了电缆市场的主要份额，但是由于其绝缘油容易流通的缺点，对电力电缆的安全运行造成重要的影响，现阶段主要使用的是XLPE交联聚乙烯绝缘电缆，油质绝缘电缆逐渐淡出人们的视线，所以对电力电缆的材料选用非常重要，必须加大技术创新，重视电力电缆材料选用的研发力度，研发出性能更加优越的电力电缆材料。

第九章　农村供电所的运行维护

第一节　国外农村典型供电模式即建设运行维护经验

农村电网建设经济效益差、投入产出比低是全世界电网公司普遍面对的问题。农村人口密度较低的地区，负荷分散、负荷率低，而配电网造价高、投入产出比低，电网建成后面临电网利用效率低、运行维护成本高等诸多问题。如何以较经济的方式为农村地区人口提供适合的供电服务，成为世界性的热点议题。

一、农村供电技术

国际能源署（IEA）在2010年提出：为偏远农村地区供电的技术众多，鉴于其发电技术、成本、供电质量各不相同，各有利弊。根据农村地区人口城镇化程度的不同，可采用的农村供电技术主要有地区电网延伸、柴油发电机、液化石油气、可再生能源发电（包括光伏发电、风电、水电及潮汐能、氢能等）和复合能源系统。

延伸电网为农村地区供电时，首要考虑该农村地区与现有电网的距离。如果该地区与现有电网的距离较近，地形较为平坦，或该地区的负荷密度较为理想，则延伸电网供电比建设分布式电源的经济性更强。

若农村地区用户分布较为分散，则大多会选择分布式发电技术，而将延伸电网作为最后选项。实际上，通过就地建设发电设备，经过数年时间，当地的用电负荷会逐步培养起来，随着连接中央电网的经济性不断提高，最终可实现电网延伸。

（一）农村电网供电模式

国外农村电网采用的供电模式主要有：

1.三相四线制（Three－Phase Four－Wire Configuration）

三相供电主要采用传统的三相四线制（即三相单相混合系统，干线采用三相四线制，支线采用二线单相制），是北美农网主要采用的供电模式。北美地区的单相配电（Single－phase Distribution）是通过三相中的一相与零线供电，并使用小型的单相变压器，这一方式也应用于偏远农村地区供电。

2.两相三线制（Vee－Phase Configuration）

两相三线制通过两条相线和一条零线供电，其供电能力优于单相配电。

3.三相三线制（Three－Phase Three－Wire Configuration）

这种方式在欧洲较为普遍，也属于三相单相混合供电系统。与北美的模式不同，欧洲使用了大容量的三相变压器，农村地区通过三相中的两相供电，即支线采用二相线单相从三相中引出。

4.单线接地回路配电系统（SWER，Single Wire Earth Return）

SWER系统仅采用一根相线（一根导线），并以地为回路组成单线一地单相供电。该方式与传统的供电模式相比，经济性更高，特别适用于人口分散的偏远农村地区，并在澳大利亚、新西兰、加拿大、印度、巴西、非洲和亚洲的部分地区得到成功应用。

SWER导线通过一台独立的变压器与三相馈线中的两相线连接，变压器二次侧的一端接地，另一端相当于相线，通过配电变压器为分散的负荷供电。每台配电变压器的一次侧连接SWER线路和地线，二次侧提供240V的低压供电，并同时接地作为零线。SWER线路的导线对地电压通常在12.7kV或19.1kV。SWER线路在澳大利亚的应用最为广泛，对于地广人稀的较小用户负荷而言，是一种经济的供电方式。SWER线路通常从长距离放射状三相配电线路中接出，这些三相馈线同时也为负荷较为集中的小城镇、小工业设施、大型农场和矿区供电。

SWER系统的优点主要有：①仅采用一条导线，造价低、跨度长；②设计简单，节约开关和保护设备；③建设速度快，维护成本低，避免了导线间碰撞引起的故障。

SWER系统的缺点主要有：①多采用三股绞合镀锌钢导线，线路阻抗大（由于电压损失大、供电能力有限，难以实施电压控制，并对负荷密度有限制）；②系统损耗大（约20%）；③会引起三相干线的三相不平衡，进而影响三相干线的供电效率；④必须严格采取措施，防范踩踏或接触等安全隐患；⑤在用电低谷时段，由于负荷大量减少，接地电容电流会引起SWER线路电压明显升高；⑥故障水平极低，保护设备可能无法区别峰时负荷或短路故障。

基于上述几点缺陷，不建议SWER应用于人口密度高的农村地区，仅适用于地处偏远、送电距离长、人口居住分散的小负荷农村偏远地区。

（二）农村分散发供电技术

柴油发电机、液化石油气、一次性电池、煤油或生物质能技术是负荷分散的农村地区获取电能普遍采用的传统技术。目前，许多新兴经济体出于可持续发展的考虑，在国内鼓励使用可再生等清洁能源发电技术。

在大多数农村地区，柴油发电机仍是经济性最高的发电技术之一。几十年来，分散独立的供电系统在偏远的居民区十分普遍，大多数发展中国家在建立电网之前都采取这种方式。这种供电系统的发电成本通常在0.2～0.6US$/kW·h。但由于地处偏远，零配件和燃料成本高，柴油发电机的保养很困难，运维费用高昂。

采用分布式发电，就地建设小规模的低压电网或可称为微电网，更适合负荷分散的偏远农村地区。目前，许多发展中国家的农网大量采用这种方式为偏远地区供电。分布式能源主要以清洁能源为主，如光伏发电、风电、小水电和生物质能等。

1.光伏发电

光伏发电系统适用于日照较为充足、农网基础条件较差，以及人口居住较为分散的农村地区。目前，在发展中国家农村地区应用最广泛的光伏发电系统主要是太阳能光伏用户系统（SHS，Solar Home System），可为家庭照明、电视、收音机或风扇等小型家电提供电能，但冰箱、电磁炉等较大功率的家用电器无法使用。由于其发电能力有限，需配套一些防止用户超负荷用电的机制。目前，该领域的发展方向主要是太阳能—柴油复合发电微电网。

2.风电

小型风力发电设备由于其安装便捷，同时易被较薄弱的农村电网消纳，在许多农村地区受到广泛应用。成功的案例包括大西洋的加那利群岛、亚速群岛等风力资源较丰富的海岛地区。

3.小水电

采用小水电为农村地区供电在我国应用最广泛。对于无法并入电网的偏远农村地区，小水电是一种最便宜的供电方式，装机容量从500kW到10MW不等，为居民提供生活用电的同时，也为农村的小型工业、小型商业、饮用水和农业灌溉等提供电能。微水发电目前存在的问题主要是用电高峰的供电能力不足，而低谷时段的电能过剩，用户不得不被迫错峰用电。由于不同时期和不同河流的水流可能出现变化，小水电项目的选址问题也要认真考虑。不同的地形，成本大不相同。例如在尼泊尔这样的山地国家，设备和材料的运输费可能高达整个项目成本的25%。

4.生物质能

生物质能已经成为许多农村地区家庭取暖、做饭的主要能源。在森林、农作物废料等生物质能的原料较为充足的地区，生物质能便可用于发电，通常可与农作物加工厂相结合，如利用蔗糖厂产生的大量废渣发电。利用生物质燃烧发电，不仅可为当地供电，利用油桐等植物生产的生物燃料（如非食用纯植物油）还可直接为交通运输工具提供动力，或可转化为生物柴油。

5.潮汐能

利用潮汐能为沿海或岛屿农村地区用户供电，在我国、印度和印尼等发展中国家目前还处于起步阶段。2007年，意大利某公司在我国、印尼和菲律宾分别成立了3家合资企业，在偏远的乡村安装潮汐能发电机。印度计划在加尔各答附近的一个偏远地区建设一座2MW的潮汐能发电站，为当地供电。此外，墨西哥、巴西和南非等国家也在纷纷开展类似的探索，利用潮汐能为偏远的沿海地区供电。

6.复合发电系统

复合发电系统综合了两种以上发电技术，克服了风电、光伏等可再生能源普遍存在的发电量波动大的弊端，其发电量相对稳定。通常是两种不同可再生能源发电技术的融合，如光伏/风力发电、风电/柴油发电、风电/光伏/微水发电，或者风电/微水发电等。除了考虑当地自然条件、经济因素外，是否采用复合发电，主要取决于所发电能是否需用于当地的小型农业生产。

二、降低农网造价及运维成本的成功经验

2012年太平洋能源峰会提出：传统的发电—配电系统适用于人口密度较高的居民区，可再生能源发电适用于地处偏远，以及人口密度低、居住较为

分散，远距离送电的配网建设成本太高的农村地区。从国际经验来看，大多数农村供电项目的立项原则都是以最低的成本，为最多的用户提供供电服务。这意味不论项目采用传统供电模式还是可再生能源发电方式，均需选择经济性最佳的供电方式，并能获得一定的收益回报。对此，世界各国在降低农网造价及运行维护成本方面都开展了大量策略研究和实践探索，并获得丰富的成功经验。

（一）降低电网设计标准

根据农网负荷情况，应选用适当的设计和建设标准（即降低电网设计标准），降低电网造价。许多农网改造项目都采用与城市配网相同的建设标准，采用大截面导线、大容量配变等适用于高负荷密度地区的电网设备，则其造价会比适用于低人口密度和低负荷的农村地区的电网建设标准高2～3倍。配套限制负荷的政策后，可使用载流量较小的电缆导线，或采用预制式配变、导线和绝缘套管，简化连线规则，降低造价。此外，相比于建设电网的高成本，建设独立的可再生发电系统，能节约大量的建设成本和运行维护费用。

（二）限制负荷用电

使用负载限制设施（断路开关）以鼓励低水平的用电消费。在用户侧安装负荷限制器（Load Limiter），限制向用户供电的电流大小，当电流超出限值时自动断电。这一设备使用简单、价格低廉，省去较高昂的电表安装成本及后期抄表的维护费用。用户每月缴纳固定金额的电费即可，无需按月实际用电量计量缴费。

（三）安装线路调压器

南非Eskom电力公司和澳大利亚Country Energy电力公司经验表明，对于用户密度较低（低于70户/km2）的农村地区，由于供电半径较大，容易出现线路末端供电电压偏低的问题。此外，随着用户负荷的不断增大，以及单点大负荷的不断增多，农村用户的供电质量会受到较大影响。目前，除延伸中压配电线路外，在低压架空线路上安装线路调压器经济性更佳，以使末端电压达到规定标准。还可加装带有逆变器的储能装置，提高供电质量。储能装置在低谷时段储能，高峰时段放电，缓解电网压力，同时还可缓解单点大负荷接入带来的短时冲击，降低夜间充电电流给SWER等供电线路带来的压升。

综合来看，各国的农村供电方式各不相同，但总体思路均是根据各自农村地区负荷需求的实际情况，因地制宜，选择最适合的农村供电方式，并尽可能提高农网建设的成本效益。建议我国在开展农村电网的建设和升级改造中，也应结合不同地域发展和居住形态差异性，因地制宜地推广应用适合农网特点的建设模式和技术。

第二节　乡村供电所的运行维护

一、乡村供电所机房的建设与维护

（一）走线方式

当前主要采用的走线方式大致有上走线方式、下走线方式、混合走线方式这三种。结合供电所机房实际运行情况，可采用的是下走线方式，弱电和光电缆走线槽需单独敷设，走线槽需可靠接地。所有线缆必须在走线槽中布放，走线槽外不允许拖拉任何线缆，通过此方法可达到美观的效果。这样既可以做到不影响原有的装潢，又不影响原有的业务。

（二）接地

机房防雷接地应符合国家现行标准GB50057-94《建筑物防雷设计规范》，主机房接地同时应满足DL548-94《电力系统通信站防雷运行管理规程》要求。应有可靠的接地系统，接地电阻应符合设计规程要求，接地电阻应小于0.5Ω。

（三）装修

1.机房装修后净空高度（架空地板至吊顶高度）不得低于2.6m。

2.机房应具备良好的通风、采光条件。

3.机房应具有较好的防尘、防水、抗风、隔热、防阳光、节能的性能，为满足机房洁净度要求，必要时可设少量用于采光的不可开启外窗，外窗应采用双层玻璃或中空玻璃。

4.机房的外门宜向走道开启，门洞宽度不宜小于1.5m，门洞高不宜小于2.2m。

5.机柜均需固定在槽钢或底座上。

（四）消防

1.机房的室内装修应满足GB 50222-1995《建筑内部装修设计防火规范》（2001年局部修订）的规定。装修材料应采用非燃烧材料，选取耐久、不起灰、环保的材料。机房不得使用木隔墙；严禁装饰木墙裙及塑料壁纸等材料。

2.机房应配置消防气体灭火装置及空调系统，机房门窗的耐火极限及允许压强应按相应规范要求设计。

3.机房的物理环境、材料、配置设施必须满足隔热、防火等要求。

（五）空调系统

为保证机房内设备的稳定运行，保持机房内稳定的温度及湿度就显得尤其重要（温度+5～+25℃，相对湿度不超过75%）。

首先需配置空调，然后根据机房实际空间面积和运行设备的散热量来选择合适的空调容量、数量、功能（加湿），一般情况下供电所只需配置1台1.5匹的空调；在安装过程中应结合空调电源位置、摆放位置来确定其安装位置。为适应设备热循环方式，机房空调应采用下送风上回风方式。

（六）照明系统

为保证机房维护人员的正常维护检修，机房内必须具备良好的照明系统。一般情况下只需完善及更换原有的照明系统即可达到效果。特殊情况下需根据不同的作业点来调整照明系统的开关、日光灯位置。

（七）配线系统

严格要求机柜内配线应分布合理，整齐美观，交流电源线与网络线、光缆分两侧布置，严格做到弱电分离。交换机、软交换语音设备与辅助设备应按层布置，避免交叉，只有这样才能便于日常维护。

（八）标签标牌

机柜内的设备、网络线、光缆等应统一张贴标签及悬挂标牌。网络配线架下端口应张贴具体房间名称标签，如"所长室-1"；光缆标牌应明确起点位置、终点位置、光缆型号及芯数；设备标签应明确设备类型及设备名称。通过规范化、统一的标签张贴，保证了维修方便及业务区分。

（九）工作规定

1.进出机房的所有人员，应严格遵守机房管理制度，做到来人来访及时登记，自觉服从管理。

2.施工单位、设备厂家人员因施工、工作需要，必须进入机房现场作业的，应填写施工单并办理审批手续，进入机房需进行登记和换鞋；进入机房后听从工作人员的指挥，未经许可，不得动用机房内设施；工作结束后，经工作人员检查认可后方可离开机房。

3.若遇上级领导莅临指导或是社会团体前来参观，必须报公司分管领导同意后，办理进入信息机房登记手续，同时将参观人员的单位名称、人数等情况详细记录备案。参观过程必须由各部门（各单位）机房负责人全程陪同引导。

4.机房设备应由专业人员操作、使用，对各种设备应按规范要求操作、保养。

5.在机房现场作业时，应严格按照工作票的工作内容进行操作。需要进行明火作业时，应在工作票中拟定安全防范措施，并需在工作负责人在场的情况下，方可施工操作。

6.施工期间由于施工的问题引起网络异常中断或影响其他设备正常运行等事故，应立即停工并采取措施恢复正常运行。信息运维人员对事故查明原因，施工单位根据事故原因制定整改措施并提交事故报告，在公司分管领导批准复工后方可继续施工。

7.强化施工人员安全意识、防火意识，确保现场安全，服从随工人员和机房工作人员的现场管理。

8.施工人员应文明施工，不得擅自进入与已工作无关的区域。施工时应保持施工现场的整洁，施工完毕后，应负责恢复现场。

9.机房内禁止拍照，特殊情况需要得到公司分管领导批准。机房内设备种类、型号、数量、配置数据等都属于公司机密，不得外泄。

（十）安全规定

1.公司安全运检部负责机房设备安全，负责机房设备的管理及电源系统、空调系统、消防系统安全状况的检查和督促工作。

2.机房的电源系统、空调系统、消防系统由公司按职责划分由各部门（各单位）统一管理，管理部门负责对其进行定期维护、保养和检查，做好记录，使之始终处于良好状态。

3.机房内严禁吸烟，严禁携带火种、易燃、易爆、腐蚀性、强电磁、辐射性、流体等物质进入机房。机房内不得堆放易燃物品，如纸箱和废纸等。

4.机房内的电源和插座为机房设备专用，非机房设备不得擅自使用机房电源。

5.机房负责人必须熟悉安全防火设备、报警系统的放置位置及其功能，并能熟练地进行操作。

6.机房负责人有权制止一切不利于系统正常运行和违反机房规章的行为，机房内一旦发生火情，相关人员应立即采取措施，同时向上级管理部门报警。

虽然在机房建设过程中，尽量考虑周全，但仍然存在一些不足之处，如机房内未设置视频安防系统，机房未配备精密空调、机房未配置UPS电源系统。还需要在供电所第二路由建设过程中得到进一步完善，以便更好的提升机房整体水平。

二、供电所配电变压器运行维护中存在的问题及防控措施

随着我国经济的快速发展，供电所配电变压器数量不断增多，但是由于配电变压器运行维护管理中各方面原因，供电所配电变压器损坏事件逐年增多。给电力企业和用户造成直接损失，因此，分析和研究供电所配电变压器运行维护中存在的问题及防控措施有着重要意义。

（一）供电所配电变压器运行维护中存在的问题

1.配电变压器低压侧发生短路而造成配变线圈损坏

供电所配电变压器（以下简称"配变"）低压配电网普遍采用三相四线制供电方式，受投资经费、地理环境、居民居住分散等因素影响，低压配电线路绝大部分为架空裸导线。当受洪涝、强风、暴雪、凝冻天气等自然灾害影响时，易发生塌方倒杆、断杆、断线、导线绑扎线脱落、树（竹）倒压在裸导线上等引起配变低压侧线路短路；当低压电杆受施工作业或非施工碰撞等外力破坏时，易发生低压电杆倒杆或断杆，造成配变低压侧线路短路；低压计量直接安装在配变上和高低压桩头未加装高低压绝缘罩等其他因素，易发生计量箱内电能表烧坏、接线烧熔或小动物窜入配变低压桩头等，造成配变低压侧短路。

当配变低压侧发生短路时，特别是有的由于熔断器配置不当，如保险丝选择不当或直接使用铝丝、铜丝代替，在低压侧回路产生高于额定电流几倍甚至几十倍的短路电流，将导致一、二次线圈温度急剧升高，使配变线圈内部将产生巨大的机械性应力，致使线圈压缩，主、副绝缘松动脱落、线圈变形损坏，继而造成配电变压器线圈烧毁，配变损坏。

2.雷击过电压造成配电变压器击穿损坏

在每年春季和夏季雷电活动频繁期间，有些供电所配变没有按规程要求在高、低压侧安装合格的避雷器，以降低雷击过电压、铁磁谐振过电压对变压器高低压线圈或套管的危害。这些配变有些是避雷器安装试验不符合要求，例如安装避雷器一般是三只避雷器尾部联在一起通过接地线接地（实际属于只有一点接地），在长期运行中由于年久失修、日晒雨淋、气候变化以及其他原因造成接地线严重锈蚀，发生接地点断开或接触不良，当遭遇雷击过电压时，避雷器不能很好地泄放电流，就会使配变的绝缘损坏；有些是只重视高压侧装设避雷器，而忽视低压侧也需装设避雷器的问题（尤其是雷电多发地区），易发生配电变压器线圈损坏的事件。

3.三相负荷不平衡或季节性过负荷造成配电变压器损坏

供电所低压配电线路供电半径偏长现象比较普遍，绝大部分配变台区的0.4kV线路不超过300m。这样配变的三相负荷无法调整至接近三相平衡状态，长期存在某一相或两相负荷偏大，致使配变的三相不能对称运行，产生零序电流。这不但使配变的损耗增大，还降低了配变的有效容量。另外，随着乡镇经济的发展与农民生活水平的不断提高，乡镇用电设备、家用电器日益增多，变压器超负荷运行的情况时有发生，从统计结果和计量自动化系统配变监测终端TTU的数据来看，过负荷主要分为日用电高峰时段和季节性（即：夏季、冬季，尤其是春节广大农民工返乡过年期间）的某一相或两相过负荷运行，以及某一相或两相长期满负荷或过负荷运行。以上所述两种情况都将导致变压器本体过热，绝缘油老化，绕组绝缘水平降低，最终将导致配电变压器损坏。

4.配电变压器带病投入运行造成配电变压器损坏

当乡镇供电所配变发生配变损坏事件后，因物资管理部门无专项全新的配变储备物资进行更换，一般使用已烧损的配变进行修复后，再进行抢修更换，而修复后的配变耐受过电压和过负荷能力大为下降。另外，年度大修技改项目和电网建设项目中考虑变压器轮换使用，在轮换配变的安装、拆卸、运输过程中易造成配变绕组绝缘损伤、高低压套管受撞击、高低压线圈引线扭伤、密封圈松动等情况。上述情况都是供电所配变带病投入运行的主要来源，然而带病投入运行的配变相对新配变耐受过电压和过负荷能力又有所下降，成为易烧损配变。如此一来，带病投入运行的配变将进入"恶性循环"，不但易发生配变损坏事件，甚至还造成供电所同一台配变重复烧坏，同一台已损坏的配电变压器重复进行修复使用。

5.日常运行维护不到位造成配电变压器烧坏

一些日常运行维护工作不到位，有待进一步加强：如未对配变身与瓷套开展清洁工作，使得泄漏电流增大；对变压器油的监视工作做得不够，造成配变渗油或漏油；漏电保护器图省事，拆掉未使用，给配变的安全运行带来影响；日常巡视工作未开展或不到位，树障隐患、低压裸导线间风偏弧垂距离不足、引线接头螺丝松动、锈蚀及过热的缺陷隐患未及时发现和消除等，最终导致配电变压器烧坏。

（二）供电所配电变压器运行维护中的防控措施

1.对于配电变压器低压侧发生短路

（1）分批开展配变台区综合检修，安装高品质跌落式熔断器并配置合格的熔丝，应按熔丝的安-秒特性曲线选定熔丝大小。

（2）申报年度大修技改或电网建设项目加装低压综合配电箱，对低压计量直接安装在配电变压器上的计量进行批量拆除，在对高低压引流线进行绝缘化改造，配变高低压桩头加装绝缘防护罩。

2.对于雷击过电压

在运行中的配变按规程要求装设脱扣式避雷器，雷击多发区，在10kV线路上安装前卫式避雷器和低压侧增设一组低压避雷器；配变避雷器接地引下线、变压器的外壳、低压侧中性点三点可靠接地，定期检查配变接地体接地是否良好，接地线有无断股，断线现象，且接地电阻不得大于10Ω；在每年雷雨季节来临前对避雷器坚持每年一次预防性试验，将不合格的避雷器及时更换，减少因雷击或谐振而产生过电压而损坏变压器。此外，乡镇供电所应参照《交流电气装置的过电压保护和绝缘配合设计规范》（GB/T50064-

2014）做好多雷区配变的运行分析，采用防雷新技术、新方法，逐步减少因雷击过电压造成的配电变压器损坏事件的发生。

3.对三相负荷不平衡或季节性过负荷

变压器的三相负荷应力求平衡，不平衡度不应大于15%，只带少量单相负荷的三相变压器，中性线电流不应超过额定电流的25%，不符合上述规定时，应及时调整负荷，不得仅用一相或两相供电，对因0.4kV线路过短无法调整负荷的配变台区，应定期调整负荷偏大的一相或两相的相别；在选择配变时，应按实际负荷及5～10年用电发展规划来选定，一般按变压器容量的45%～70%来选择。加强用电负荷的监测，在用电高峰期和用电高峰季节，以TTU检测、人工测量、红外测温等多途径掌握配变是否存在重过载情况。发现过载配变，应按照应急处理流程采取负荷分割、增加电源点等措施予以控制，力求使配变不超载、不偏载运行。

4.对于配电变压器带病投入运行

应采取下列措施避免配变带病投入运行：加强对大修技改电网建设项目施工队的过程监管和项目验收管理，凡新建、移交、改造、检修、预防性试验的变、设备及设施，配电运行部门应严格按有关国家、行业、网公司、省公司及本单位的标准、制度等要求，进行设备验收。经验收合格，符合运行条件，手续完备的配变、设备及设施，方可投入电网运行。对使用修复配变进行更换的配变进行设备状态评价和风险评估，按照风险等级采取防控措施；对已修复过后再次损坏的配变进行排查、记号和建立台账，对其进行报废处理。有效避免配变带病投入运行。

5.对于日常运行维护不到位

按照《南方电网公司中低压配电运行标准》要求，强化配电变压器及配电线路设备的定期巡视和特殊巡视（包括保供电巡视、外力破坏巡视、防风防汛特巡、夜间巡视、监察性巡视）工作力度，巡视中发现危及供电所配变正常运行的紧急（重大）缺陷或隐患应即时检修处理。每年应及时完成线路保护区内及附近的高秆植物和棚屋建筑物排查工作和清障工作。

为确保供电所配电变压器的长期安全可靠运行，必须加强日常的运行维护管理工作，严格执行《南方电网公司中低压配电运行标准》和配电变压器的运行标准，做好配电变压器的损坏的事前预防控制，对于故障率相对较高的配变应提前掌握、分析配变运行工况，以TTU检测、人工测量、红外测温等多途径掌握配变运行工况，从源头上防控配电变压器故障发生，以确保配电网的安全、稳定、可靠运行。

三、管理电力运行设备的日常保养与维护

电力是人们日常生活中不可或缺的资源，电力系统的正常运行能够满足人们的日常用电需求，这就对电力系统的稳定性提出较高的要求，因此，应加强电力运行设备保养及维护工作，从而保障电力系统的整体稳定。

（一）电力运行设备日常保养和维护的意义

对电力系统而言，电力运行设备的作用是非常关键，只有保障电力设备能够在安全稳定的情况下运行，才能够将电力能源传递到使用者处，才能够使得使用者的电力需求能够得到满足。但是，当前电力设备还会因人为因素以及管理因素等原因受到影响，影响电力设备的正常运行，让使用者的用电需求难以满足，影响人们的正常用电。

想要尽可能地降低这种情况的发生几率，要对电力运行设备进行日常的保养和维护，故障出现时及时采取相应的措施进行处理，这样才能保障电力运行的稳定，稳定的电力运行也能够增强电力企业的市场竞争力，提升其经济效益，从而推进电力企业实现又好又快发展。

（二）电力运行设备的日常保养及维护手段

1.定期清洗

当前的技术条件有限，加上经济条件不足，许多电力设备裸露在外的情况尚未解决，也没有采取相应的措施对其进行防护。在这样的情况下，电力运行设备的定期清洗显得尤为重要，清洗过程中应尽可能避免以清水对电力运行设备进行清洗，水具有导电性，比较容易出现事故，并且用清水对电力运行设备进行清洗，很容易使电力运行设备出现生锈的情况，严重影响电力运行的使用寿命。通常在进行电力运行设备的清洗时，以合理的化学试剂进行清洗是首选的清洗手段，化学试剂的选择应结合外界对多种试剂的综合评价，从而选择出最适合完成清洗工作的化学试剂。部分企业也会选择通过覆盖有机硅料在电力运行设备上的方式保持设备的干净，使用这种方法一定要了解有机硅料的使用寿命，在有机硅料的使用期内及时对有机硅料进行更换。

2.防腐措施

电力设备因其金属含量较高，非常容易出现腐蚀的情况，对电力设备的工作质量以及使用寿命都会造成较大的影响，因此，应采取相应的防腐措施保障电力设备的运行质量以及使用寿命。首先需要了解电力设备的位置以及表层构件的特性为依据，对电力设备进行防腐工作。电力复合脂是当前电力设备抗氧化的首选材料，通常会在电力设备的导体接头部位，特别是大多是电力设备的导体接头都是暴露在空气中较容易出现腐蚀情况，更需要以电力复合脂来对保护其不受到腐蚀，并且电力复合脂应在接头处进行多次的涂抹，加强其防腐能力。部分钢制设备尽管不易出现腐蚀的情况，但是买入土地后与土壤中的水分长时间接触，还是会出现被腐蚀的情况，因此可以在低碳钢地网的表面，涂上一层导电防腐材料，以此来降低其受到腐蚀的几率，使电力设备能够稳定地运行。

3.防潮措施

变电站高压室是整个电力系统中较为重要的部分之一，能够直接影响到变电站以及整个电网的正常运行。然而变电站高压室还面临着一个问题，潮气以及杂质对其影响非常大，因此，保障变电站高压室正常运行的前提，是做好防潮工作。首先，应仔细检查变电站高压室内所有的门窗以及墙体是否具备正常的密封性，是否有哪个部分的密封性不足，能够导致变电站高压室出现渗水或者受潮的情况；其次，在确定其密封性后，还应对电缆沟以及开关柜位置的孔洞进行封堵，使得积水不会通过此处流进入高压室内，特别是在雨季的时候，应安排专门的工作人员对高压室的防潮情况进行实时的监测，确保高压室内的干燥；最后，还可以通过购买相应的除湿设备，来保障变电站高压室内不受潮气侵蚀。

4.应急处理

电力设备在运行过程中，很容易突然发生故障，由于故障的发生较为突然，因此，工作人员很难及时地对这些故障予以解决。针对这一情况，需要电力企业能够提高其应急处理能力，提前针对实际运行过程中容易出现的故障，制定相应的应急处理方案。并且在将故障解决之后，还要对相关的故障进行再一次的排查，确保故障彻底的得到解决。

5.工作人员管理

工作人员作为整个电力运行设备保养及维护工作的实施者,其工作态度以及工作能力能够直接影响到电力运行设备保养及维护工作的质量。因此,应重视对相关工作人员的管理,定期地对工作人员进行培训,增强其专业能力。还要制定相应的奖惩制度,对责任意识较强的员工,应给予相应的奖励,以资鼓励,对工作态度较为懒散的工作人员,也要给予相应的处理,使其认识到自身的错误,并加以改正。

电力运行设备保障了电力系统的稳定运行,对电力企业而言具有非常重要的意义,因此,应加强电力运行设备保养及维护工作,保障电力系统的稳定运行,增强电力企业的市场竞争力,推进电力企业的发展。

四、供电所自动化通信通道运行维护

电力系统的自动化是专门用以服务电力调度生产服务,调度生产过程中所需要的各类型信息数据均需要该系统进行提供。不仅如此,电力系统自动化具备遥信、遥控以及遥测等多种远程控制功能。由于上述功能的存在,该系统也成为供电所必不可少的系统之一。因为电力系统生产实时控制业务,故而对自动化通信通道的可靠性以及稳定性有较高的要求,如何维护供电所自动化通信通道也成为大部分供电所关注的重点。

(一)供电所通道组成现状

地区传输网分A、B两个平面建设,网络结构基本一致,承载了电网生产实时控制业务。就目前而言,自动化通信通道共有如下五种构成模式:MSTP通道、SDH2M通道、PCM模拟通道、PCM数字通道以及省网调度数据网通道。

目前,针对110kV变电站自动化通信通道,该供电所构成方式如下:

方式一:通道1选用MSTP通道,通道2选用MSTP通道,通道3选用PCM模拟通道。

方式二:通道1选用MSTP通道,通道2选用MSTP通道,通道3选用PCM模拟通道。

方式三:通道1选用PCM模拟通道,通道2选用PCM模拟通道。

方式四:自动化通道单通道运行,选用PCM模拟通道或者PCM数字通道。

针对220kV变电站,自动化通信通道构成方式如下:

方式一：通道1选用SDH2M通道，通道2选用省网调度数据网通道。

方式二：通道1选用MSTP通道，通道2选用MSTP通道，通道三选用PCM模拟通道。

方式三：单通道运行，通道方式为PCM模拟通道。

方式四：通道1、通道2均选用SDH2M通道。

针对500kV变电站，自动化通信通道构成方式如下：

通道1、通道2采用MSTP通道，通道三采用PCM模拟通道。

（二）供电所自动化通信通道构成存在的问题

1.部分站点只有单平面覆盖

220kV变电站当中，存在1个220kV变电站因基建及地区网络规划的原因，现地区网为B网设备单平面覆盖，自动化通信通道全部由B网设备单平面承载，一旦B网设备PCM出现障碍，将直接导致220kV站点自动化通道全部中断，构成五级事件。110kV变电站中，有6个变电站只有B网设备单平面覆盖，一旦B网设备故障将直接导致该站自动化通道全部中断，影响生产实时控制业务运行指标。

2.部分站点单通道运行

110kV及以上电压等级站点中，存在部分站点单通道运行的情况。并且单通道均为PCM64k接入方式。一旦PCM或者音频电缆发生故障将直接导致该站点自动化通信通道中断，造成事件。

3.因通信通道规划不合理，部分双平面覆盖站点自动化通道全部承载于同一平面

110kV及以上站点存在部分站点虽传输网为双平面覆盖，但因通信通道规划不合理，造成自动化通信通道全部承载于同一平面，一旦该平面设备发生故障将导致自动化通信通道中断，造成事件。

4.未建设地区调度数据网，造成自动化通信通道单通道运行

因网、省调度数据网只覆盖220kV及以上站点，而有些地区调度数据网尚未建设。部分不支持MSTP通道的站点只能采用PCM模拟通道加PCM数字通道的通信方式，一旦PCM设备发生故障将导致该站点自动化通信通道中断，造成事件。

（三）供电所通道运行维护方式

1.加快地区调度数据网建设进度

针对只有单平面覆盖的站点，加快推进地区调度数据网建设进度。待地区调度数据网建设完成后，及时增加自动化调度数据网通信通道。避免因单点设备故障造成自动化通信通道中断。使自动化通信通道满足N-1的配置原则，保证自动化通信通道的稳定性及安全性。

2.优化自动化通信通道构成方式

针对部分站点传输设备双平面覆盖，但自动化通信通道全部承载于同一平面的情况，优化自动化通信通道构成方式。将自动化通道割接至另一平面，使自动化业务通信通道承载于不同平面，避免因单平面设备故障造成自动化通信通道中断。

3.构建资源共享

目前，220kV及以上站点，同时覆盖了省、地光传输设备，针对地区网只有单平面设备覆盖的站点，地区调度数据网建设事件需要较长，而220kV站点自动化业务中断影响范围较大。可以采取申请开通一路省网MSTP通道或者省网调度数据网通道，是自动化通信通道满足N-1的配置原则。

如今，电能成为人们日常生活中不可或缺的能源之一，关乎人们的正常工作、学习以及娱乐。因此，人们对供电所自动化系统也有较高的要求，需要供电所系统较为稳定、安全，方能保证居民用电不会受到影响。因此，供电所应及时对当前自动化通信通道进行检修，确认其构成模式有无问题。若确实存在问题，需及时予以解决，以确保供电所自动化系统运行的稳定。

第三节　供电设备的运行维护

一、供电电压监测系统运行维护的策略

（一）供电电压监测系统

随着用户对电能质量的要求越来越高，供电企业为了向用户提供持续优质的电能，采用先进的电网在线监测技术建立了供电电压监测系统，对供电网络实行在线监测。

供电电压监测系统主要由电压监测仪、数据传输通道、管理中心三大部分构成，各部分主要功能如下。

1.电压监测仪

电压监测仪是系统的前端采集设备，安装在设置的电压监测点，对监测点电压采用每秒至少一次的有效值采样，取1min内电压预处理值的平均值，作为被监测系统即时实际运行电压。实现每个监测点的数据上月、上日、本月、本日、某月某日的瞬间电压采集、任意时间段电压数据采集，以及停电信息记录。该仪器实现在线监测、采集、统计、存储及无线传输电压监测数据的功能。

2.数据传输通道

目前供电电压监测数据传输主要采用GPRS和无线短信2种网络传输方式，实现监测数据向数据管理中心的有效传输。

3.管理中心

该部分为系统的数据处理中心，由计算机和管理软件组成，实现对监测数据的统计分析、查询、存储、图形显示、数据导出、打印等功能，自动生成指定格式的综合与A，B，C，D类电压合格率明细、分类、汇总报表，及每天24个整点电压曲线。

（二）供电电压合格率计算

1.监测点电压合格率

电压合格率是实际运行电压在允许电压偏差范围内累计运行时间占对应的总运行统计时间的百分比，统计电压合格率的时间单位为"分（min）"。电压合格率 V_i 计算公式如下：

$$V_i = \left(1 - \frac{电压超上限时间 + 电压超下限时间}{电压监测总时间}\right) \times 100\%$$

2.综合供电电压合格率

综合电压合格率计算公式如下：

$$V_{综合} = 0.5V_A + 0.5\left(\frac{V_B + V_C + V_D}{3}\right)$$

式中 V_A，V_B，V_C，V_D——A，B，C，D类的电压合格率，若没有某类监测点（如有些地方可能没有B类），公式中的"3"则相应改变为"2"。

（三）供电电压监测系统运维常见问题

1.电压监测点选点问题

随着供电网络的变化加快，对供电电压监测点选择的合理性要求越来越高，电压监测点选择需要及时调整才能满足监测的要求。

特别是D类用户，其监测的是380V/220V低压网络和用户端的电压，监测点设置要求之一是每百台配电变压器至少设2个电压质量监测点，不足百台的按百台计算，超过百台的按每增加50台设置1个电压质量监测点。由于近年新用户速度增加很快，出现了监测点设置数量在某个周期不能满足监测要求的现象。另一个设置要求是，应设在有代表性的低压配电网首末两端和部分重要用户。根据这个要求，现有部分D类监测点因为用户的增加、配网供电半径的减小，出现原为低压配网首端的用户变成末端用户，原为低压配网末端的用户因为供电网络的增加变成首端用户。以上情况日益突出，电压监测仪运行、调整工作量大大增加，监测选点矛盾突出。

2.电压监测仪上下限设置问题

因为C类监测点监测的是35（66）kV非专线供电的和10（6）kV供电的用户端电压，而对35kV及以上用户供电电压要求是，监测总电压正、负偏差绝对值之和不超过额定电压的10%。因此存在部分用户因负荷波动电压标准值确定困难的情况。标准值设置不准确很容易造成电压超上下限，电压合格率偏低。这种情况就对用户电压运行和管理提出较高要求。

3.电压监测仪运维问题

近年配电网结构变化

较大，且用户的负荷情况是随着气象、生产和自身条件等因素在不停地变化和波动中，因此部分配电变压器分接开关所设的挡位已无法适应现在的网络、负荷及所供用户的需求，需要及时根据负荷情况调整配电变压器的挡位，而且调整的频率要求越来越高，这就使得现有模式下电压监测系统的运行维护工作任务繁重，人员不足。

4.电压监测仪运行缺陷问题

电压监测仪运行精度和变电站后台监测数据精度不一致，有待提高；死机情况下自动恢复功能很差。

5.通信设备维护的影响问题

通信设备难免要进行插拔、复位等操作，若数据通道中断时间较长，会造成部分数据的遗失。

（四）供电电压监测系统运维策略及建议

通过以上对电压监测系统结构及运维特点分析，为确保供电电压监测系统正确、稳定、安全运行，为用户提供优质电能做好保障，保证电压监测工作的持续不间断，笔者提出如下建议。

1.电压监测点的选择应采取相对固定和动态调整相结合的模式

对变电站和大用户的监测一般是相对固定的，只需每半年进行核实和修正；对居民用户端电压的监测应采取动态调整模式，根据网络的变化、用户的变化每季度进行动态调整或重新设置。可以配置一定数量的备用监测点，以确保监测点动态调整时监测点数量满足规定的要求。

2.解决C类监测点上下限设置标准确定困难的问题

针对C类监测点上下限设置标准确定困难的问题，可以建议厂家在监测仪里按负荷的特性分峰、平、谷三组设置上下限。运行单位根据对用户负荷特性的综合分析，选择既满足监测要求又符合用户负荷要求的定值分时段设置合理的上下限，保证监测的科学性。

3.协作做好电压监测系统的运行维护

供电电压监测系统归运维检修部管理，运维检修部负责组织确定供电电压监测点方案并监督实施；电网调控中心负责变电站A类监测点的运行管理；市供电公司客户中心负责B类、C类和D类供电用户电压监测点的运行管理；计量中心负责各类监测仪的校验和维护工作；变电运维工区和配电运检工区协助做好电压监测系统的运行维护工作。

4.提高电压监测仪的精度

电压监测仪精度要求应尽量和变电站后台监测数据精度要求一致。建议厂家提高电压监测仪的精度，且应具备死机后自动恢复功能和手动恢复功能。

5.电压监测仪应具备存储数据的能力

在数据通信及信息采集方面，尽量采用GPRS和短信采集，并要求电压监测仪应具备一定数据存储能力，在短时失去通信情况下自动将数据备份到本地，待通信恢复后，自动传输备份数据到应用平台。

二、变压器的运行维护及事故处理

在电力运输系统中，变压器是其核心设备之一，并对电流的电能配送和传输起着非常重要的促进作用，变压器主要通过变换电压对电力资源进行输送。如果电力变压器出现问题，则会对电力用户的正常用电产生严重的干扰，面对变压器出现的故障现象，需要全面的分析出现故障的原因，然后及时的解决，从而促进电力系统的正常运行。

（一）电力变压器的运行维护

变压器在电力资源的供应方面起着非常重要的促进作用，需要相关的技术人员在工作期间要对电力变压器进行重点检查维护。在电力资源运输过程中变压器出现异常情况时，说明电力资源供应方面出现了问题，需要相关的技术人员对变压器进行全面的检查，以便减少不安全因素产生的危害。工作人员可根据变压器产生的声音和发出的气味，以及其温度的高低等来判断变压器出现问题的方向。

1.对变压器进行日常巡视

首先，查看变压器的温度，并观察温度计指示的位置是否正常，同时要确保变压器的储油柜油位和温度保持对应关系。变压器的上层油温自冷不得高于85℃，风冷不得低于75℃，对于完好的变压器，其周围各个部位不会出现渗油漏油的现象，而且变压器油是透明且微带黄色。如果工作人员发现上述情况异常，应及时查看变压器的工作状态，并对其及时做出调整。其次，要检查变压器的冷却器温度是否正常，同时要开启风扇。还要检查变压器的影响是否正常，其声音规律是否正常。第三，工作人员还要检查变压器的油位是否正常，要确保套管的表面完好无损，避免周围因漏油而出现漏电现象。此外，还要注意变压器的引线以及电缆的温度，如果电缆、引线等出现蒸汽或发红现象，需要及时查看调整。最后，要检查变压器的外壳和地面的接触情况，防止变压器的箱子受潮。

2.变压器的特殊巡视

特殊情况下需要对变压器加强巡视，首先，在变压器过流过压时，要着重检查三相电压和电流，要确保其处于平衡状态。其次，在大风天气，要对引线的摆动程度进行检查，防止套管引线以及变压器顶盖出现杂物。第三，在大雾天气，工作人员需检查套管，防止套管放电。第四，在夏季雷雨天气结束后，要对套管及时检查，确保避雷针器计数器的正常运行。

3.变压器的定期维护

变压器的维护工作主要是去旧换新，修补残缺。比如：变压器的硅胶出现大部分变色情况，需要立即更换，如果小部分出现发红现象，需要及时的修补。变压器出现断电情况，需要对套管、外壳等进行清扫，并对其他的设备进行修补处理，同时还要对变压器的铁芯绝缘性进行定期检查。尤其对变压器的油样进行定期化验，并做好详细记录。

（二）电力变压器故障种类和故障处理措施

在电力资源输送过程中，变压器是其设备的核心之一，但由于变压器技术在我国的发展水平比较低，因而在电力资源输送过程中出现的故障比较多，将变压器的故障进行细化为外部故障和内部故障，外部故障主要指变压器油箱外的绝缘套管和引线方面发生的故障；内部故障主要指变压器油箱内发生的故障。

1.变压器油温过高现象处理措施

变压器油温异常、声音异常、漏油、油位过高等都是变压器油温方面的问题，出现上述的情况，需要对其采取及时合理的措施进行处理，首先，针对油位较低的情况，需要对其添加适量的油即可，在变压器正常运行期间需要对油温进行检查，主要遵循的数据是变压器上层油温的正常温度为85℃之内，变压器外壳上的温度宜在80℃以下，工作人员可以根据变压器油温的高低来判断故障出现的原因。

2.变压器绕组故障现象处理

绕组在变压器中处于非常重要的位置，绕组如同变压器的心脏，如果绕组出现故障，那么变压器就容易出现故障，而绕组出现故障的主要体现：绕组接头开焊、绕组出现接地现象、匝间短路、相间短路或断线等情况。就其原因，主要由变压器长期得不到修理，或者绕组中落入杂物，绕组短路，以及绕组受潮等诸多因素造成的。上述的种种因素对变压器产生极大的影响，有的造成变压器单相接地故障，有的造成绕组短路故障，有的也造成了变压器匝间短路故障，这些故障主要在绕组中寻找就能找到故障原因，进行及时的处理。

3.变压器的分接开关故障的处理措施

分接开关故障主要由于触头间短路、或者对地放电、以及分接开关引线松动等造成的，在故障处理中，需要从分接开关处着手，对开关的触头、弹簧变形压力、引线紧固等方面进行全面的分析，或者更换其中的材料，将旧的、破损的、熔坏的材料进行更换处理。

4.变压器铁芯故障现象

变压器的铁芯故障主要由铁芯的穿心螺丝或对铁芯有损害的螺杆绝缘所引起的，如果穿心螺杆和铁芯叠片造成两点连，就会引发铁芯局部发烧，最终导致铁芯部分出现熔毁的结果，还有可能造成铁芯短路情况。铁芯出现故障后，首先要对各相的电阻和进行测量，如果各相的电阻相差比较大，则说明绕组出现故障，如果受损部分比较大，工作人员在检查期间可以用油漆涂刷做标记。

5.变压器的火灾事故处理

在经济快速发展的过程中，工业生产的数量不断增加，工业用电量越来越多，随着企业长期超负荷用电，变压器火灾事故的发生率不断上升。由于变压器长期在超负荷的情况下运行，其温度容易增加，最后发生火灾事故，如果没有及时妥当的处理变压器和企业生产车间内的易燃物，就容易引发连环爆炸事故。因此，在企业车间正常生产期间，工作人员要定期对变压器进行全面检查，遵循每天检查的事项和步骤，严格检查每一道工序，并做好详细记录。同时，还要对其做好火灾预防工作，对变压器做好维护检查工作，对损坏的引线或电缆进行及时更换，避免因变压器高温而发生火灾事故。

此外，还有一种情况也会容易引发变压器火灾事故，即夏季的雷雨天气，如果出现打雷现象，雷电过电压容易让变压器的套管和线圈受到严重的损坏，因而在变压器低压侧安装一定规格的避雷针，进而避免变压器火灾事故发生。

三、变电设备的运行维护工作

（一）选择高效率电动设备

1.做好智能化系统的维护工作

选择电动设备的时候，一定要选用使用效率较高，符合负荷特点的电动机。而对于异步电动机的选择，最为重要的是能够满足机械的负荷要求，可以对电压进行调节控制，满足电动机在正常的范围内运转。同时，异步电动机在安全科学的情况下，可以及时进行补偿，这样，能够提高输电线路的功率因数，进而降低输电线路的损耗。维护建筑电气技术的管理人员要向电气设计、照明等有关工作人员传达命令，电气设备维护的前提以及基础是要求工作人员认真执行其命令。

因此，在变电设备建筑电气技术的施工过程中，相关工作人员要树立一种设备维护理念，根据电气节能方面的制度规章要求，要实施最佳设备维护方案，运用电气高科技技术，发挥出电气维护在变电运行设备工程中的效益，从而促进经济效益和社会效益的最大化。

2.变电设备运行维护的准备工作

智能建筑之所以称之为智能，主要是因为他的自动化系统，而电气设备的安装将会使智能建筑更加的自动、系统。电气设备具有相当于人脑的处理器，可以通过电子系统对智能建筑物的供暖、制冷、照明、电视等进行实时监控，自动调节，从而避免了不必要的消耗，也会使人力、财力以及各种资源达到优化配置。使得各种机械设施在需要时开启，在不必要时关闭，对自动化进行控制，从而使该设备得到良好的维护。可以实时监控智能建筑内的各种设施，包括供暖系统、制冷系统，等等，对于其参数也可以有一个大致的了解；同时，这个系统还可以设定一个功能，就是对各种自动化设施所运行的时间进行记忆，运行不正常时会自动响铃报警，从而可以进行及时的修理，延长其使用寿命，节约资金；可以根据实际情况，确定各种设施需要的台数，避免出现资源浪费情况；自动化系统能够对每一种机械设备的资源消耗情况进行准确的记载，从而可以适时地进行调整。

（二）变电运行设备维护的具体措施

1.加强电气技术的管理

实现变电运行设备维护的另一种有效办法就是加强对电气技术的管理。

管理的方法主要有下列几种：其一，加强电气设备的管理，促使其安全稳定的运转；其二，加强对电气设备的控制，保证其开发性及操作简单的特征，使得电气节能工作照常运转；其三，加强对工作人员的管理，提高其业务素质，加强其技术培训。

2.变电运行设备的维护工作要分开施工

变电运行设备维护的设计师要对电气工程技术分开施工，仔细计算电气负载能力，同时计算节能方法。根据"最佳效益"的指导思想，深入施工场地，和操作人员合理交流，按照工程的具体情况以及承载特点，分析节能建筑的使用功能和环境特征等多方面的影响因素，综合考虑，找到最佳的设计方案。同时，使用新的节能科学技术，进而确保节能建筑中电气节能的设计可获得较高的效益。

节能建筑的管理人员要加强对电气设计方面的审核，要求学科技术部门对设计图纸严格审核。为了可以应对电力的承载变化，降低不必要的消耗，选择一些优质的变压器。因为供电系统中的变压器以及电动机等电器设备都有电感性，致使电流难以发挥作用，同时，因为系统中的电流是从高压线路传送到设备的最尾端，增加了功率的消耗，所以，科学合理的设计配电系统，对于电气维护具有极其重要的意义。

3.对电气设备进行严格筛选

对变电运行设备进行合理的维护，可加大对自然光源的运用，能够极大的改善电气能源的耗用。因此，可以在自然光源较好的建筑条件之下进行工程施工。例如，在节能建筑施工期间，尽量选择白天作业，这样，不仅可以提高整个工程的进度和工作效率，同时，还可以有效促进电气节能技术在节能建筑中的使用。在变电运行设备的维护建筑中，要对一些耗能大的电气设备进行严格的控制。比如：照明电气设备需要符合节能方面的要求，功率不能过大，同时，在选择光源时，要比较各种价格，全面分析它的使用期限，进而选择使用寿命长、高效节能的光源。这样，就会降低后期进行维护的成本，从而达到较好的经济效益以及技术价值。

4.制定电气节能的计划方案

在整个节能建筑中，消耗电气能源的地方有许多，这就需要相关部门制定出专门的有变电运行设备维护方面的计划方案。比如：对节能建筑的电气设备施工人员和建筑人员安排集中照明设备，根据节能建筑的自然采光状况以及使用条件进行严格的区分控制，再按照实际情况采取调光和降低照明度的措施。同时，要求建筑电气设备施工人员和建筑人员所居住的地方必须有自然的光源，方便走廊和楼道间的照明，除了一些必备的应急照明设备外，都统一采用声控开关和节能电器照明。

在整个变电运行设备维护建筑中，还要求合理地选择供电方式以及供电电压，重视对变电所位置的设置，适当减少配电级数，适当的缩短供电的半径，科学合理地选择导线的截面，对于三相回路的单项设备进行均匀合理的分配，科学合理的设置无功补偿设备；同时，严格按照输电线路的具体需要，适当的抑制由非线性负荷所产生的高次谐波。

四、农电系统光缆的运行与维护

（一）提高挂点

农电企业的电力线路以10kV线路为主，大部分是10m杆，除去埋深、电力导线部分、光缆与导线间距离后，光缆的对地距离，一般剩6m左右，再加上每档线的弧垂，就更低了，这样的高度，在农田地里还可以，要是跨路，特别是跨主要公路，高度就不太充裕了。如滦县供电公司的光缆原来经常被车撞断，后来就利用各种施工机会，全面提高光缆的挂点，提升对地高度，光缆的故障率就大大降低了。

（二）做好熔接盒

熔接盒必须做好，熔接盒在光缆线路中，占据重要位置，好多光缆故障，就发生在熔接盒上。熔接光缆时，一定要保证质量，做到熔接损耗最小，熔接完成后，组装熔接盒时，一定要认真仔细，把纤芯捋好，固定牢固，如果固定不好，纤芯一散，很容易折断。把防水胶垫一定要垫平压实，不能使雨水或潮气进入盒内。将熔接盒在杆塔上固定时，如果厂家配的是不锈钢带，笔者建议最好别用，而是要用结实的抱箍固定，因为不锈钢带几年后就很容易折断，熔接盒直接从杆塔上掉下来，光缆就全断了。

（三）地埋光缆一定要套保护管

在部分不便光缆架空的地方，光缆进站时，从杆塔返下后到进入电缆沟前，都需要将光缆地埋，地埋光缆一定要套保护管，而且两根保护管的接头处，要用管箍拧紧接实，防止水或潮气进入管内。

（四）施工因素

综合目前的各类施工情况及施工成本（诸如青苗赔损，占地赔损等），在架设35kV电力线路时，就同时把光缆也架设了，要比等需要光缆时再单独架设，成本要大大降低。

（五）注意鸟害和火灾

很多人并不知道鸟和光缆会有什么瓜葛，其实不然，如滦县供电公司就曾出现过多次了，每次的现象都是光缆不通，后来发现鸟在光缆上面啄出了一个个小洞，把光纤啄断了，但从下面看，却什么都看不出来，因此，在检查不出故障点时，一定要考虑鸟啄的因素。火灾损坏光缆，有的是农民把玉米秸秆堆在光缆下，出现火灾后，把光缆烧坏，有的是冬季春季山上的荒草着火，把上方的光缆烧坏，对于这些因素，在光缆运行维护时，都要考虑并加以注意。

第十章 乡村供电所的安全管理

第一节 正确认识乡村供电所的安全管理

一、农村供电安全管理浅析

随着农电体制改革的推进，农村集体电力资产的移交和农网改造后供电企业资产的延伸，供用电安全责任也随之增大，这些都要求供电企业更好地搞好农村供用电管理工作。

（一）供电所存在的问题

1.基层管理人员重生产，轻安全

在安全管理方式、方法和措施上没有跟上改革和发展的步伐，部分管理人员只注重经济效益，而忽略了在安全管理工作中投入资金用于安全供用电宣传、检查工作，致使农村触电伤亡事故时有发生。

2.供电所人员安全意识差

部分员工安全意识不强，业务和安全技术水平较差，自我保护技能差，责任心不强，安全管理不到位，导致习惯性违章屡禁不止。在现场工作时不能按照现场作业规程落实安全措施和技术措施，违反操作规程，不正确使用安全工器具，凭经验办事，主观臆断，违章作业，造成人身伤亡和设备损坏事故。

3.农村电力资产的安全风险增大

随着抄表到户工作的普及，安全管理范围扩大了，发生事故的概率也同时增加，安全管理责任也随之外延，电力设施一旦发生损坏、被盗，也要由供电单位负责维修、更换。对农村低压电网运行中存在的缺陷，由于资金不到位，不能及时处理，存在着严重的安全隐患。

4.电力设施存在安全隐患

由于农网改造工作大部分只是改造了配电器台区0.4kV线路和接户线，

而10kV线路和用户室内配线并未彻底改造。10kV线路供电半径长，导线截面小，线路设备陈旧老化，给电网的安全运行造成隐患；加之农村供电网络线长、点多、面广，一旦线路设备出现故障，供电所查找和处理故障非常困难，使供电所的安全责任加大。

5.农民安全意识差

农民安全用电知识缺乏，安全保护意识差。由于农村用户投资不足，使用不合格电气设备、材料，室内外线路老化，设备陈旧、乱拉私接现象严重，极易发生人身事故。

6.农村供用电市场秩序差

在依法保护、安全监督上，措施不力，安全管理力度不够，安全监督职能未充分发挥，存在"一般号召多，具体组织少，宏观布置多，实际指导少；提出要求多，监督落实少"的现象。习惯于事故后的调查和责任追究，加之农民安全用电知识缺乏，线路下施工、盖房、伐树、电杆周围取土等违章行为经常发生，致使农村电网接地、倒杆断线、触电事故时有发生，安全隐患率增加。

（二）防范对策

1.实施以人为本的方针

选用有较强的责任心、懂技术、会管理的基层骨干，推动安全管理工作的开展，真正做到生产与安全并重。只有两者有序开展，才能取得更好的经济效益。

2.加强员工素质的培养

利用现场讲解，师徒传授等方式，不断加强对员工的培训力度，提高员工的业务能力和安全技术水平，开展安全警示教育和反习惯性违章教育，提高从业人员的安全生产意识和技能，用"三铁"（铁的手腕、铁的制度、铁的纪律）反"三违"（违章指挥、违章操作、违反劳动纪律）对违章行为加以防范和制约。

3.建立健全乡、村两级安全用电管理组织

加强农村安全用电监督管理，把安全监督网络向农村延伸。供电所作为供电企业派出机构，要适应属地化管理带来的变化。供电所的工作要得到乡、村两级组织的支持，充分发挥乡、村组织的行政管理职能，达到群防群管、人人参与的联动机制，采取公布举报电话，加强电力设施保护，大力宣传安全用电常识和电力法律法规等措施，达到制止损害电力设施的行为和保护电力设施的目的。

4.健全制度，规范管理

一是建立健全考核制度，促进安全责任制度的落实，供电所要按照定岗、定员、定级的要求进一步明确全所员工的安全责任、工作内容和要求，严格工作业绩考核，做到奖惩分明；二是供电所要针对本所实际情况制定《安全生产实施细则》，做到有章可循，经常开展安全检查，将安全隐患消灭在萌芽状态；三是要加强员工素质的培养，全面调动员工的工作积极性，增强责任感，树立爱岗敬业的奉献精神，提高安全管理水平。

5.采取有效的措施，确保农村电网安全运行

加大10kV配电网络改造的资金投入，提高电网的安全性和可靠性，充分发挥乡村两级管理组织的作用，与其签订供用电维护和管理协议，与用户签订供用电合同，拆除三线同杆架设，如不能拆除的将要求加装拉线绝缘子并确保线间安全距离，避免供用电安全事故的发生。

农村供电所只有维护管理好配电网络，加强农村安全用电常识及相关法律法规的宣传，提高全民安全用电的综合素质，形成全员安全用电共识，加强供电员工的职业道德培养、技能培训和法制教育，建立好一支思想品德好、业务技术精、安全管理水平高的员工队伍，才能使供电所安全管理日趋规范。

二、供电所安全管理程序

为了尽快适应新形势、新变化，电力公司也相继制定出台了多项农电安全生产管理办法；农电系统一向以"安全第一、预防为主、综合治理"为工作方针，推行提倡创新思路，多措并举，提升人员素质，提高工作质量，夯实安全基础，严格制度执行，强化安全管控，圆满实现安全生产目标。

追求电力安全生产的"低事故甚至零事故"是非常必要的。完善细致的电力安全性评价管理软件会让每一个电力员工都理解安全的重要性并且严格遵守，帮助员工在安全问题上有主观性的认识，并且有所依仗。通过软件所列直观数据，更加能确保系统安全稳定运行，减少事故的发生。

　　研究内容：周安全活动、两措管理、派工单管理、工作票管理、倒闸操作票管理、作业安全措施票管理、现场标准化作业管理、一二级剩余电流动作保护器管理、安全性评价、安全工器具管理、施工工器具管理、事故调查、分析工作管理、电力设施保护工作、安全宣传管理、交通安全管理、防火安全管理、检查考核共计十七项现在电力生产MIS系统里边主要有：

　　两措管理；派工单管理；工作票管理；倒闸操作票管理；作业安全措施票管理；现场标准化作业管理；安全性评价；事故调查、分析工作管理；其中，两措管理；派工单管理；工作票管理；倒闸操作票管理；作业安全措施票管理；现场标准化作业管理；全部为电脑程序制式管理，输入任务及相关信息，相应电脑程序会显示出各种流程步骤及安全技术保障措施，内容程序比较严谨合理。

　　安全性评价与事故调查、分析工作管理工作相结合，具有安全性评价管理软件，里面详细记录了线路杆塔等硬件设备的具体参数及现状。

　　检查考核；工作由本单位领导考核，主要依据日常工作表现，培训考试情况等记录于纸质材料中；相对于检查考核而言，周安全活动、一二级剩余电流动作保护器管理、安全工器具管理、施工工器具管理、电力设施保护工作、安全宣传管理、交通安全管理、防火安全管理等同样大量的记录于纸质材料中，不便于及时更新与查阅。

　　故，重点改进：周安全活动、一二级剩余电流动作保护器管理、安全工器具管理、施工工器具管理、电力设施保护工作、安全宣传管理、交通安全管理、防火安全管理的流程与软件功能，设计供电所安全管理程序。

　　周安全活动：做好软件程序，把本周的工作总结与下周的工作计划输入程序，有直观映像，在软件中可以直观地反映出工作进入计划中的哪个阶段，该干什么，怎么干；一二级剩余电流动作保护器管理：涉及所有的漏保的各种型号、厂家、生产日期等于效验日期、损坏作废更换等，全部"一览"可视化地呈现在软件中；安全工器具管理：安全工器具的种类、数量、效验日期等都输入程序、规范安全工器具领用流程、实行程序管理审批制度。有效的确保安全工器具的合格完备，杜绝了干私活的可能性；施工工器具管理：施工工器具的种类、数量、效验日期等都输入程序、规范施工工器具领用流程、实行程序管理审批制度。有效地确保施工工器具的合格完备，杜绝了干私活的可能性；电力设施保护工作：根据农电系统的实际，实时有计划的、有季节性、针对人群的去进行电力设施保护宣传，对电力设备保护区附近的房屋、树木进行登记，确保设施与社会群众安全，数据输入程序，对周期性的工作与计划性的工作做好系统自动提示，以保证不会延误工作；安全宣传管理：根据农电系统的实际，实时有计划的、有季节性、针对人群的去进行安全宣传，着重对人口密集区域进行宣传，同时做好安全宣传影像资料，便于程序存档；交通安全管理：对单位内所有职工不定期进行交通安全教育，对职工个人交通工具、通讯工具进行登记存档。外出作业公干时留有出车记录等信息，对公车司机的驾驶资格、年审状况等留有记录；防火安全管理：有组织、有计划性的开展消防防火知识学习，组织消防演习，确保本单位人员人人"四懂四会"，且保存影像资料。对本单位消防设施进行规范管理，详细信息记录于程序中。

涉及以上八项需要与计算机软件相结合：对纸质的各类文档进行加注条形码，需要计算机专业知识与电力安全生产知识相结合。纸质资料与存储于计算机内的资料如何实现相对应，如：纸质表格通过条形码加注后，在计算机软件检索内输入关键字（词）可以迅速知晓纸质文件位于XX档案柜X层X个档案盒中，设备扫描条形码后，更为便捷、高效的在计算机程序中显示出更为详尽的管理情况，及需要更新维护、特别注意事项等信息。又如，程序软件的信息传递审批流程功能，XX抢修工作，需要在计算机程序内填写派工单，随机生成条形码，需单位负责人或安全员批准审核后（批准后自动到下一环节，领取安全工器具），持条形码领取安全工器具与施工工器具。（其间，安全工具器施工器具的管理人员需要对条形码进行验证，看是否批准通过）。同时，施工完毕归还工器具流程向上逆推。

利用计算机软件系统提高安全管理水平，可使安全管理得到明显的提高，为用户提供一个合理的高效的安全管理平台。

三、供电所安全管理三要点

（一）强化安全意识，构筑思想基础

人是安全管理工作中的决定因素，在安全生产工作中抓好了人的安全思想教育，就能夯实安全基础。坚持以人为本，开展系统化、经常化、有针对

性的安全思想教育，是供电所加强安全管理的一项基础工作。供电所必须引导员工深刻认识确保安全生产的极端重要性，做到在任何时间、任何情况下对安全生产工作都不能有丝毫的懈怠和麻痹大意。要引导员工牢固树立"安全重于泰山""安全是最大的经济效益"的思想，始终贯彻"安全第一，预防为主"的方针；要加大对各项安全生产规程、规定的执行力度，做到分工明确、责任落实，确保安全、技术、组织措施三到位。

提高全员安全意识，要从夯实安全管理基础，明确安全生产责任工作抓起，注重"两票三制"工作的管理。抓好"两票三制"工作，一是要进一步完善有关制度的工作细则；二是要加强全员、特别是对应管理岗位和一线操作人员的培训工作力度，做到定期并严格理论考试；三是要加大绩效考核工作力度，通过定期和不定期的检查，严格落实责任，实施奖罚，从而激励员工自觉做好工作。要严格执行有关安全生产的各项规章制度，组织员工定期开展安全性评价工作，定期组织召开安全生产分析例会，建立健全安全生产管理的各种技术资料、档案、台账和记录，依照电力法规的有关规定，认真做好农村安全用电知识的宣传普及工作。

（二）强化业务培训，杜绝习惯性违章

员工在生产工作中养成良好的习惯非常重要。然而，施工现场的习惯性违章现象是供电所安全生产中的一种通病，某些员工做事凭经验，时间一长便成习惯，不良的习惯就导致违章，最后出现事故。比如，员工外线登杆作业不戴安全帽、不系安全带；设备检修不认真执行"两票"制度；作业现场安全措施落实不到位，或流于形式。例如，设备或线路检修，为了省事，不验电、不挂接地线、不设安全遮拦等等。这些在实际工作中，养成的违章违纪恶习和不良的工作方式，将严重威胁着电网安全生产，酿成事故。我们一定要牢固树立"风险可以防范、失误应该避免、事故能够控制"的理念，时时、处处牢记电业安全生产规章制度，加强宣传、教育和培训工作力度，时刻警钟长鸣。一要培训到人，培训到现场，改变凭经验做事的坏习惯；二要加强监管力度，对习惯性违章要消灭在萌芽状态，做到不讲人情、不讲面子，严格管理，加重处罚。三要端正员工思想态度、努力提高全员安全意识，对照《安规》，做到时时刻刻查漏洞、找差距。四要加强"百问百查"活动，通过对员工问、查的形式，不断提高全员的综合素质，从而，积极有

效地促进各项安全生产工作的有效改善，切实提高基层供电所安全生产工作的水平。

（三）强化责任落实，促进实践规范

供电所的安全管理工作既要充分发挥安全员的监督检查作用，又要落实职工的岗位责任，做到各司其职，各负其责。要层层签订《安全生产责任书》，使人人肩上有压力，人人承担安全责任，将执行和落实情况与员工的经济利益挂钩，严格考核，奖惩兑现，重奖重罚。要建立安全责任终身追究机制，明确责任，供电所所长为该所安全第一责任人，线路、设备管理人员为所辖线路、设备安全的直接责任人。因线路或设备隐患未及时处理，又未下达设备缺陷通知书而发生的责任事故，由所长及线路或设备管理人员承担全部责任后果。要将安全生产责任制落实到每个岗位，做到凡事有人负责、凡事有人监督。对违章违纪者要加大处罚力度，以"三铁"反"三违"，对事故处理要按照"四不放过"的原则，认真分析，查明原因，分清责任，制定防范措施，只有这样，才能教育事故责任者和全体员工，防止同类事故重复发生。

第二节 供电所安全管理方法

一、供电所安全管理的难点及对策

农网改造结束后，各供电所作为县供电企业的分支营业机构，承担着管辖区域内乡（镇）用电户的报装接电、抄表收费、营销管理、网络维护、安全管理等工作，地位举足轻重。同时，各供电所面临着新的机遇和挑战。特别是在"同网同价"中取消了"村电工"、组织机构定编定员、抄收到户、维护到人后，随着农村电网覆盖面的不断扩大，直接抄收用户的不断增多，24小时承诺服务责任的加大，给供电所安全管理带来新的压力，难度更大，责任更重。

（一）存在的难点和问题

1.点多面广难度大

供电网络遍布乡（镇）各村、组及农户，地域广，分散性强，线路及设

备维护面广、难度大。有时，往往步行几十里山路，抄收的用电户才几户或十几户，用电量只有数十千瓦时，而维护的线路及设备资产达几十万元，安全管理责任的落实范围相对加大。

2.隐患缺陷多杂、频繁

由于农网面广、点多，因施工操作、不可抗力（雷击、狂风、暴雨、泥石流等）等因素、设备质量诸多原因，农网的隐患缺陷多而杂，因而，线路、设备的维护工作量大，安全管理责任的落实难度加大。

3.用电安全意识淡薄，网络毁损现象严重

农村安全用电宣传不够，安全用电意识淡薄，造成意外伤害或死亡事故增多，加之盗窃性、毁损性、工程建设性破坏电力设施等违法行为，私拉滥接、违章建筑等违章行为，威胁着农网设备和人员的安全，进而直接威胁和影响供电所安全管理工作。

4.组织措施落实不力

往往在供电岗位上工作时间越长，《电业安全工作规定》中明确规定的保证安全的组织措施落实越不力，许多同志嫌手续繁杂，凭借自己多年工作经验人为简化手续。"两票三制""标准化作业程序""危险点分析"等规程规范在供电所推进难度很大。

5.技术措施到位不够

确保安全的技术措施落实到位不够，许多同志凭经验办事，约时停送电、不带绝缘手套、不穿绝缘靴、不用绝缘棒、不挂接地线、不悬挂标志牌等违章现象时有发生，甚至因此而出现触电伤亡事故，给安全生产带来直接影响。

6.习惯性违章屡见不鲜

职工安全意识不强，习惯性违章难以杜绝，特别是许多老职工，凭工作经验办事，对安全规范管理、严格"票证"不理解、不配合，对安全生产十分不利。

（二）对策和措施

1.健全责任追究制度，安全责任落实到人

网改后，农村网络、电力设备产权归属供电企业，同时安全责任、维护管理毫无疑问落到各供电所。特别是山区供电所，山大人稀，交通不便，给日常维护带来极大困难。因此，必须明确责任，划分区域，以台区为单元，把安全责任明确落实到职工个人，使每个职工身上有担子、有义务、有责任，促使职工加强日常维护巡视力度。同时，把相应管理人员和值班室的电话告之各用户。这样一旦有问题，可快速反应，及时作出处理，避免和减少事故的发生。

2.健全隐患整改消账制度，及时整改安全隐患缺陷

虽然通过网改，已打造了农村供电新网络，网络水平极大提高。但由于网改工期紧，资金有限，在改造时，难免有些缺陷存在。比如拉线地埋深度不够，架空线的对地距离不够，配变的接地电阻没能达标等，加之自然灾害影响使农村供电网络的缺陷较多。为此，彻底消除农网及配电设备的隐患是搞好供电所安全管理的基础。针对面积大、范围广、隐患多等特点。我们应该建立健全"隐患整改消账制"，也就是把用电户或管片员发现的隐患和各级安全检查发现的隐患进行登记，用书面形式通知各整改责任人，供电所统一组织相应的材料，限期各管理责任人进行整改，整改后由供电所验收后消账。若是个人确实无法解决的问题，由供电所组织专门整改。这样就能够做到隐患早发现、早处理，做到发现一处，整改一处，落实一处，从而做到"无病预防、有病早治"，保证网络设备的健康、稳定运行。

3.实现政企联手目标管理，共筑电力设施保护屏障

随着经济的发展和人民生活水平不断提高，各种建筑如雨后春笋。由于多种原因，造成在电力设施保护区或配电设施安全距离范围内兴建建筑物、构筑物，对电力线路及人身安全造成严重威胁，直接影响了供电安全管理。为此，要按照县政府与乡（镇）签订的《电力设施保护综合治理目标管理责任状》，积极争取当地政府的支持，由政府出面，要求建设规划、国土资源等相关部门在项目申请审批时，必须确保电力设施所规定的安全距离，经县电力企业书面同意并签订《建筑安全距离协议书》和《建筑施工安全协议书》后方可批准和施工。同时，对违规审批或擅自违章建筑的按相关规定追究责任人责任，遏制在电力线路保护区内建房的现象。同时，要求管片人员加大巡视力度，对危及或破坏电力设施安全的行为早发现、早告知、早处理，规避供电所的安全风险。供电所要与当地政府联手，利用各种媒体、各种形式加大电力法律法规和农村用电安全常识的宣传，对盗窃性、毁损性、

工程建设性破坏电力设施等违法行为，私拉滥接、违章建筑等违章行为要及时报告，并作出处理或按司法程序移交司法机关，以确保电力设施保护的规范化、法制化。

4.严格执行保安组织措施，实现票证规范化管理考核

供电所要把规范"票证"管理、实施"标准化作业程序"和"危险点"分析作为安全管理的中心来抓，并纳入供电所规范化管理考核，使其贯穿于整个供电营销工作之中，使每个职工学会、弄懂、用好。其措施为：一是加大培训力度，结合工作实际，教会各班组长及全体职工具体如何填票，如何把组织措施用于安全工作之中；二是根据实际情况，规范内部管理制度和操作流程。把如何申请检修，什么人填票，何种工作填何种票等具体内容用文字的形式下发给职工，起到指导作用；三是以班组为单位、以班组长为责任人纳入考核，与经济效益直接挂钩；四是加大检查力度，对不规范的进行指导，对不执行的进行处理；五是从改变职工的票证意识入手，让职工认识到"票证"执行、"标准化作业程序"和"危险点分析"是安全工作的重要部分，也是对我们工作的基本要求，在所内形成一种严格执行保安组织措施的氛围，从而有利于安全工作的全面推进。

5.严格执行保安技术措施，杜绝违章违规操作

搞好技术措施是确保人身安全的重要因素。但由于供电所人员结构、综合素质、历史原因等情况，在执行时总是难以落实。因此，首先要从硬件上入手，把该用的工器具全都落实到位，分发到各班组（电工组、变电组）。接地线根据每个班组大小要配备不少于两套，高低压验电器、绝缘手套（靴）、绝缘棒等做到人手一支（套），标志牌也应配齐。同时，从软件上要加强职工培训，让职工会做、能做、做好，并加强考核力度，对不执行安全措施的行为要严重查处。

6.强化职工安全培训，杜绝习惯性违章

习惯性违章是诱发安全事故的重要因素，但要彻底根除习惯性违章又绝不是一件非常容易的事。所以，首先要从领导做起，领导特别是基层领导要带好头，做好表率，坚持自己不出现习惯性违章行为；再是把常见的习惯性违章行为综合汇编成册，下发给职工，并在安全活动中组织学习，加以强

调，时时敲响警钟；三是制定切实可行的考核办法，加强不定期抽查力度，对习惯性违章予以严肃处理。

二、供电所安全管理有效途径

（一）抓安全思想教育，提高职工的安全素质

人是安全管理工作中的决定因素，在安全生产工作中抓住了人，就抓住了根本，抓好了人的安全思想教育，就能夯实安全基础。因此，坚持以人为本，开展系统化、经常化、有针对性的安全思想教育，是供电所加强安全管理的一项基础工作。

供电所所长要经常和职工一起讨论安全问题，启发职工查找工作中的违章现象，让职工知晓违章可能造成的严重后果。树立"没有消除不了的隐患，没有避免不了的事故"的安全理念，把握安全生产的主动权，构筑起"群防群治"的安全屏障。

安全思想教育要有针对性，做到常抓常新，入脑入心。对青年职工要结合岗位培训，加深其对习惯性违章危害的认识，要广泛开发年轻人朝气蓬勃的创新思维，促使他们为安全生产多出点子，对设备、管理大胆革新；对老职工则要引导其克服盲目蛮干的行为，增强其按安全规程工作的自觉性；同时，对新到供电所的职工，都要与老职工签订师徒合同，进行敬业爱岗、艰苦奋斗的传统教育。要求每个职工从自己做起，严格执行安全生产制度，在工作中坚持"三不伤害"的原则，养成严格认真、一丝不苟执行安全规程的好作风。

（二）加强安全知识学习，提高专业技术水平

安全知识是安全工作的保障。供电所应当组织开展形式多样的安全教育活动，使员工学好安全知识，吃透《电力安全工作规程》，掌握常用的急救知识；同时要举办各种专业技术培训班和岗位竞赛活动，注重通过实践提高员工的操作能力和理论水平。对于不能通过年度《电力安全工作规程》考试者，要坚决取消其上岗资格。

（三）抓好一个活动，开好两个会，落实三个"不"

1."抓好一个活动"就是抓好"安全日"活动

在开展安全活动时，应针对某一问题或某一事件进行讨论分析，要通过

事故追忆、事故预想分析、技术考问等活动，教育每个职工彻底克服和消除粗心大意和侥幸心理，逐步培养他们从技术角度来分析事故或异常并制定防范措施的能力，从而增强职工的安全意识，提高他们的安全防护水平。

另外，可设立流动安全员来协助所长和安全员开展日常安全监督工作，流动安全员每周轮换1次。在安全学习会上，流动安全员将1周来所发现的习惯性违章、违规等不安全现象提出来，让大家分析总结，以引起大家的注意，从而达到全员参与、人人讲安全、人人学安全的效果，变推着走为自己跑，树立"安全生产人人有责"的观念。

2."开好两个会"就是开好班前、班后会

在班前会上，要根据当日工作任务提出应注意的安全事项及安全组织措施，明确现场工作负责人。要认真做好"危险点预控"工作，以施工环境中危险源的分析与预测作为制定应对措施的可靠依据。在班后会上，应对当日安全情况做出小结，找出差距和薄弱环节，采取有效措施，为下次工作奠定良好的安全基础，并做好会议记录。

3.落实三个"不"，不伤害自己、不伤害别人、不被别人伤害的有针对性的措施

要求在工作前的准备阶段或在分配工作任务时，仔细检查施工现场所使用的安全工器具是否良好；安全组织措施、技术措施是否齐全完整；工作人员身体素质、精神状态是否胜任工作；工作环境、工作对象是否有不安全因素。

（四）狠抓反习惯性违章，严格实施安全考核

通过加强职工安全基础知识的培训，营造浓厚的安全氛围，来提高职工的安全素质和安全意识。要使职工认清习惯性违章的危害，自觉抵制习惯性违章，养成自觉遵章守纪的好习惯。同时，要充分发挥安全员和所长的监督作用，从严查处习惯性违章。要把反习惯性违章定作制度，明确规定任何人只要严重违章就必须待岗学习，学习合格后才能重新上岗，用制度来保证反习惯性违章工作的落实。要做到事前提醒，事中纠正，事后处罚，绝不姑息。

（五）创建安全岗位，开展岗位安全性评价

供电所每位职工都应熟知自己的岗位安全标准，并在实际工作中认真贯彻执行。要定期组织岗位安全性评价，发动全员查隐患、纠违章、促整改，以岗位安全保证安全工作目标的实现。

（六）抓好设备巡查，加强设备管理

健康的设备是安全生产的基础，因此，供电所一定要抓好设备管理，重点抓好设备巡视、消除缺陷两方面的工作。

1.对所有设备应分别建档、建卡

将设备检修维护的责任落实到人。巡视检查设备时必须认真、细致，按照规定的要求进行。除周期性巡检外，还应根据设备的特点及运行方式、负荷、自然条件的变化等情况增加巡查次数。在特别时期，应对检查的安全措施、执行人等作出具体规定，并对巡视结果做好详细记录。在巡视设备时，要善于分析，发现缺陷时应立即写出缺陷通知单，通知有关部门及时进行抢修。

2.要本着"应修必修，修必修好"的原则迅速进行缺陷处理

无论是消缺还是检修，工作结束后，运行和检修人员应一起到现场验收，办理交接手续。此外，还要对缺陷管理流程中的各个环节建立档案，以便分清责任，避免出现延误消缺、推诿责任的现象。

（七）抓责任落实，促安全管理制度化

供电所的安全管理工作既要充分发挥安全员的监督检查作用，又要落实职工的岗位责任，做到各司其职，各负其责。

1.签订安全生产责任书

层层签订安全生产责任书，使人人肩上有压力，人人承担安全责任，并将执行和落实情况与职工的经济利益挂钩，严格考核，奖惩兑现，重奖重罚。

2.建立供电所安全责任终身追究机制

供电所所长为该所安全第一责任人，线路、设备管理人员为所辖线路、设备安全的直接责任人。因线路或设备隐患未及时处理，又未下达设备缺陷通知书而发生的责任事故，由所长及线路或设备管理人员承担全部责任后果。

3.明确安全生产责任制

各级安全生产责任制要具体明确，并落实到每个岗位，做到凡事有人负责、凡事有人监督。对违章违纪者要加大处罚力度，以"三铁"反"三违"，这既是对企业负责，也是对当事人负责。对事故处理要按"四不放过"的原则，进行认真分析，查明原因，分清责任，制定防范措施，只有这样，才能教育事故责任者和广大职工群众，才能防止同类事故重复发生。

4.落实值班责任制

值班应严肃认真,不能人到心不到,对那些值班不到位、到位不操心而发生问题的人员要严肃处理。

(八)认真开展危险点分析活动

开展危险点分析活动,有利于供电所安全管理工作。

1.事先分析作业危险点

针对危险性大的检修作业,事先进行危险点分析,提出预防事故发生的措施,严格危险点控制卡的执行。

2.分析人的行为危险点

对人的行为进行危险点分析,进行预控,注重行为导向;落实本岗位安全责任制及到位标准,强化以人为本安全管理;搞好职工的安全思想教育及安全技术培训,全面提高职工的安全技术素质;建立安全激励约束机制,提高职工的安全意识和安全责任感,使人的不安全行为达到预控。

3.分析设备危险点

对设备进行危险点分析,如对设备进行安全性评价、设备诊断、可靠性管理,落实25项重点反措,制定事故教训对策,对设备缺陷进行整改,消除事故隐患或采取控制措施。

(九)加强检修现场安全管理

检修现场要做到"四明确、四检查、四把关"。

1.四明确

"四明确"是指检修前要明确工作任务,明确工作地点,明确临近带电部位,明确安全措施、危险点及注意事项。

2.四检查

"四检查"是指检修人员工作前要检查设备名称、编号是否与工作票相一致;检查设备电源是否确已断开;检查工作地点与带电设备距离是否符合规程要求,安全措施是否符合现场要求;检查工作地点是否在接地线保护范围之内。

3.四把关

"四把关"是指检修工作人员工作时要把好开工关、转移关、间断关、收工关。也就是在履行开工许可手续后,方可进入工作现场;工作转移必须经过工作负责人，由工作负责人将工作人员带到新的检修设备位置，重新详细交代安全注意事项；工作间断必须重新检查安全措施，重新带领检修人员到检修现场；工作结束时必须使设备恢复原样，做到谁拆谁动谁恢复，严禁单人重返检修现场。

（十）加强与地方政府的协调配合

1.加大电力执法工作力度

供电所应积极主动与当地政府、公安机关交流情况，沟通信息，加强防范，遏制外力破坏电力设施案件的发生。对在保护电力设施工作中做出突出贡献的单位、个人给予一定的奖励，以调动有关执法单位的工作积极性。

2.定期召开研讨会

每季度召开1次防范、打击盗窃电力设施的研讨会，及时总结通报相关单位、个人的工作情况和信息，以充分调动全社会力量和群众参与保护电力设施的积极性。

3.深入开展宣传教育

深入开展电力法规的宣传教育，对《电力法》《电力设施保护条例》等法规，除供电所通过适当的方法进行宣传外，地方政府也应将其列入普法内容进行深入宣传。沿线群众法制观念的强弱直接关系到电力设施保护工作能否顺利进行，对《电力设施保护条例》要广为宣传，使沿线群众家喻户晓。供电所安全员、宣传员、巡线员既要做学法、用法的模范，更要做好宣传法律、法规的带头人。对工作认真负责的职工要给予表彰、奖励；对不按规定护线的职工要进行批评教育或依法解除劳动合同。

4.定期组织培训

供电所要定期对巡线员进行线路结构、巡视重点、电力设施保护等方面的技术培训，提供交流经验的机会，使他们掌握必要的护线专业知识，不断提高发现问题、解决问题的能力。

总之，农村供电所的安全生产管理工作要抓住重点，区分轻重缓急，谁主抓谁负责，不搞责任共担。要做到心中有数，并要下工夫、花时间、花精力、长抓不懈。一方面要教育职工艰苦奋斗，任务不能减，标准不能降，干劲不能少，学习不能松；另一方面，要加强检查监督，加强考核力度，奖罚分明，重奖重罚，用严格的管理根治事故的发生。

三、供电所安全管理水平的强化路径

（一）提高安全管理意识

针对目前我国供电所中出现的一些问题，管理人员需要及时地采取有效的措施进行解决。例如，针对供电所安全管理过程中出现的安全管理比较低的问题，需要供电所管理人员提高安全管理意识。实现这一目的，需要电力企业做好安全教育工作，让供电所工作人员充分认识到安全管理的重要性。例如，供电所在实施管理的过程中，应该坚持以人为本的思想，对工作人员进行安全思想教育，定期组织工作人员参加安全教育讲座，经常对工作人员进行安全培训等。工作人员提高了安全管理认识，才能重视安全管理工作，自觉严格的遵守安全管理制度，避免安全事故的发生，提高安全管理水平。

（二）完善安全管理制度

安全管理制度是供电所实施安全管理制度的有效保证，在供电所的安全管理中具有重要的作用。供电所的管理过程中，只有建立完善的安全管理制度，才能为供电所的安全管理工作提供有效的规章制度和执行依据。供电所建立安全管理制度的过程中，必须建立完善的安全责任制度，加强对配电网的管理，制定安全管理制度。为了提高电力系统运行的安全性，供电所可以实行安全目标考核，建立完善的奖惩制度，有效地实现对工作人员的约束，发挥安全管理制度的重要作用。例如，某供电所在安全管理的过程中，建立了明确的责任制度，对不同的部门和工作人员的职责进行了明确的划分，增强了工作人员对电力安全管理工作的重视，可以严格按照安全制度进行操作，保证了电力系统的运行安全。

（三）提高工作人员的专业能力

一些供电所的管理过程中存在工作人员习惯性违章的现象，造成这种问题的主要原因是供电所的监督力度不足和管理制度不完善。例如，供电所中很多的工作人员在长期的工作过程中逐渐松懈，在工作的过程出现违章现象。加上供电所的管理中，对这种现象的管理不够严格，监督较差，所以会存在电力危险。除此之外，供电工作人员的专业能力对供电的质量和水平也具有直接的影响。如果供电工作人员出现操作不当或者违章操作等现象，会对电力系统的安全运行造成不利的影响。所以，供电所强化安全管理，需要重视对工作人员的管理，采取有效的措施，提高供电工作人员的专业能力。

例如，供电所应该对工作人员进行定期的培训，培养工作人员良好的习惯，加大对违规和违章操作等现象的惩处力度，加强对工作人员设备操作的监督等，从不同的方面提高工作人员的专业能力。

（四）消除电力设备的运行隐患

电力设备是供电所运行过程中的重要装置，为电力的生产和发送提供了重要的技术支持。在供电所的安全管理中，还需要加强对电力设备的安全管理，保证电力设备运行安全。例如，供电所的管理部门应定期地对电力设备进行检修和保养，及时消除电力设备运行的安全隐患，才能保证电力设备的正常运行，发挥重要的作用，为我国社会的发展提供充足的电力支持。

供电所是电网企业中的重要组成部分，对电力的使用发挥了重要的供应能力。在实施管理的过程中，需要管理人员不断的提高安全管理意识，针对目前供电所安全管理中存在的问题，有针对性的采取有效的措施进行及时的解决，以加强对供电所的安全管理，提高供电所的安全管理水平，促进我国电网企业的发展。

附录1　农村电网建设与改造技术原则

第一章　总则

（1）为搞好农村电网建设与改造（以下简称农网改造）工作，达到技术先进，安全可靠和节能的目的，满足农村用电增长的需要，提高供电质量和农村配电网的现代化管理水平，特制定本《农村电网建设与改造技术原则》。

（2）农网改造选用的设备必须是通过省部级或相应级别鉴定的国产设备，应优先选择国家经贸委和国家电力公司推荐的产品。

（3）各地应根据当地经济发展和用电负荷的情况，在保证用电安全、经济可靠的前提下，因地制宜地采用新技术、新产品、新工艺。

（4）农网改造工作应严格执行有关设计、施工、验收等技术规程和规范。

第二章　总体要求

（1）农网改造工程，要注重整体布局和网络结构的优化，应把农网改造纳入电网统一规划。

（2）农网线路供电半径一般应满足下列要求：400V线路不大于0.5km；10kV线路不大于15km；35kV线路不大于40km；110kV线路不大于150km。

（3）在供电半径过长或经济发达地区宜增加变电所的布点，以缩短供电半径。长远目标为每乡一座变电所，以保证供电质量，满足发展需要。负荷密度小的地区，在保证电压质量和适度控制线损的前提下，10kV线路供电半径可适当延长。

（4）在经济发达和有条件的地区，电网改造工作要同调度自动化、配电自动化、变电所无人值班、无功优化结合起来。暂无条件的也应在结构布局、设备选择等方面予以考虑。

（5）农网改造后应达到：

①农网高压综合线损率降到10%以下，低压线损率降到12%以下。

②变电所10kV侧功率因数达到0.9及以上，100kVA及以上电力用户的功率因数达到0.9及以上，农业用户的功率数达到0.8及以上。

③用户端电压合格率达到90%及以上，电压允许偏差值应达到：220V允许偏差值+7%～-10%；380V允许偏差值+7%～-7%；10kV允许偏差值+7%～-7%；35kV允许偏差值+10%～-10%。

④城镇地区10kV供电可靠率应达到国家电力公司可靠性中心提出的标准。

⑤农网主变容量与配电变压器容量之比宜采用1:2.5，配电变压器容量与用电设备容量之比宜采用1:1.5～1.8。

（6）输电线路路径和变电所站址的选择，应避开行洪、蓄洪区和沼泽、低洼地区，在设计中宜采用经过审定的通用设计或典型设计。

（7）农网改造工程应尽量利用现有可用设施。

第三章　110kV输变电工程

（1）110kV输变电工程的建设应满足10～15年用电发展需要。

（2）工程建设必须严格执行国家现行有关规程、规范，设计必须符合规定的设计深度要求。

（3）变电所的建设，应从全局利益出发，结合国情，符合农网特点，采用中等适用的标准，严格控制占地面积和建筑面积，不搞豪华装修。

第四章　35kV输变电工程

（1）农村变电所的建设应坚持"密布点、短半径"的原则，向"户外式、小型化、低造价、安全可靠、技术先进"的方向发展，设计时考虑无人值班。

（2）设计标准可考虑10年负荷发展要求，一般可按两台主变考虑。

（3）变电所进出线应尽量考虑两回及以上接线，线路应采用环网结线方式，开环运行，或根据情况采用放射式单结线方式。

（4）高压侧选用新型熔断器做主变保护方式的，相应的10kV侧保护宜采用反时限重合器配合。

（5）新建变电所保护宜采用微机保护装置，淘汰综合集控台。

（6）新上主变必须采用新型节能变压器，高耗能变压器三年内全部更换完毕。

（7）设备选择应符合总则要求，城镇和经济发达地区宜选用自动化、智能化、无油化、少维护产品。

（8）导线应选用钢芯铝绞线，导线截面根据经济电流密度选择，并留有10年的发展余度，但不得小于70mm²。在负荷较大的地区，推荐使用稀土导线。

（9）线路杆塔应首选预应力砼杆，在运输和施工困难的地区可采用部分铁塔。

（10）标准金具采用国家定型产品，非标准金具必须选用标准钢材并热镀锌。

第五章　10kV配网

（1）农村配电变压器台区应按"小容量、密布点、短半径"的原则建设改造。新建和改造的台区，应选用低损耗配电变压器（目前主要是采用S9型和少量非晶合金配电变压器）。64、73系列高耗配电变压器要全部更换。

（2）变压器容量以现有负荷为基础，适当留有余度，新增生活用电变压器，单台容量一般不超过100kVA。

（3）容量在315kVA及以下的配电变压器宜采用杆上配置，容量在

315kVA以上的配电变压器宜采用落地式安装。宜选用多功能配电柜，不宜再建配电房。

（4）新建和改造配电变压器台应达到以下安全要求：

①柱上及屋上安装式变压器底部对地距离不得小于2.5m。

②落地安装式变压器四周应建围墙（栏），围墙（栏）高度不得小于1.8m，围墙（栏）距变压器的外廓净距不小于0.8m，变压器底座基础应高于当地最大洪水位，但不得小于0.3m。

（5）配电变压器的高压侧宜采用国家定型的新型熔断器和金属氧化物避雷器。

（6）低压侧出线导线截面不得小于35mm²（铝线），总开关应采用自动空气开关，并加装漏电保护器。

（7）城镇配网应采用环网布置，开网运行的结构。乡村配网以单放射式为主，较长的主干线或分支线装设分段或分支开关设备，应积极推广使用自动重合器和自动分段器，并留有配网自动化发展的余地。

（8）导线应选用钢芯铝绞线，导线截面根据经济电流密度选择，并留有不少于5年的发展余度，但应不小于35mm²，负荷小的线路末段可选用25mm²。一般选用裸导线，在城镇或复杂地段可采用绝缘导线。

（9）负荷密度小、负荷点少和有条件的地区可采用单相变压器或单、三相混合供电的配电方式。

（10）线路杆塔在农村一般选用10m及以上、城镇内选用12m及以上预应力水泥电杆。

（11）未经电力企业同意，不得同杆驾设广播、电话、有线电视等其他线路。

（12）标准金具采用国家定型产品，非标准金具必须选用标准钢材并热镀锌。

第六章　低压配电设施

（1）低压配电线路布局应与农村发展规划相结合，考虑村、镇建房规划，严格按照《农村低压电力技术规程》要求进行建设、改造。

(2) 低压主干线路按最大工作电流选取导线截面，但不得小于35mm²，分支线不得小于25mm²（铝绞线）。禁止使用单股、破股线和铁线。

(3) 线路架设应符合有关规程要求。电杆一般采用不小于8m的砼杆，但在村镇内，为保证用电安全，通过经济技术比较，可采用绝缘线。电杆拉线应装绝缘瓷瓶。

(4) 排灌机井线路推荐使用地埋线。

(5) 接户线的相线、中性线或保护线应从同一电杆引下，档距不应大于25m，超过时应加接户杆。

(6) 接户线应采用绝缘线，导线截面不应小于6mm²，进户后应加装控制刀闸、熔丝和漏电保护器。进户线必须与通讯线、广播线分开进户。进户线穿墙时应装硬质绝缘管，并在户外做滴水弯。

(7) 未经电力企业同意，不得同杆架设广播、电话、有线电视等其他线路。

第七章　无功补偿

(1) 农网无功补偿，坚持"全面规划、合理布局、分级补偿、就地平衡"及"集中补偿与分散补偿相结合，以分散补偿为主；高压补偿与低压补偿相结合，以低压补偿为主；调压与降损相结合，以降损为主"的原则。

(2) 变电所宜采用密集型电容补偿，按无功规划进行补偿，无规划的，可按主变容量的10%～15%配置。

(3) 100kVA及以上的配电变压器宜采用自动跟踪补偿。

(4) 积极推广无功补偿微机监测和自动投切装置。应采用性能可靠、技术先进的集合式、自愈式电容器。

(5) 配电变压器的无功补偿，可按配电变压器容量的10%～15%配置，线路无功补偿电容器不应与配电变压器同台架设。

第八章　低压计量装置

（1）农户用电必须实行一户一表计费，村镇公用设施用电必须单独装表计费。

（2）严禁使用国家明令淘汰及不合格的电能表，宜采用宽量程电能表，电能表要定期校验。

（3）电能表应按农户用电负荷合理配置。经济发达地区一般按不小于2kW/户考虑。

第九章　附则

（1）各省（区、市）电力公司根据实际情况，制定相应的技术标准。

（2）本原则由国家电力公司负责解释。

（注：本技术原则以"国电农[1999]191号"文件发布）

参考文献

[1]孙嘉平.电力在中国经济社会发展中的地位及作用[C]//中国电机工程学会能源与信息专业委员会电力可持续发展与信息化建设会议，2005.

[2]蒋莉萍，张运洲.电网发展有关问题探讨.中国能源，2008(12).

[3]陈超.《电力建设》月刊.国家电力公司电力建设研究所，2012(9).

[4]陈森贵，姚刚.中国电力工业发展前景.遵义科技，2010(10).

[5]朱双帅.我国电力系统的现状与发展趋势，2011(12).

[6]刘华.电力企业ERP：理论与实践[M],西安：西安交通大学出版社，2011.

[7]裴捷．数字电站[M].成都；电子科技大学出版社，2013.

[8]祁振华.电力负荷预测的方法研究[J].内蒙古科技与经济,2012,24:86-87.

[9]彭安福.电力企业现代管理[M].北京:水利电力出版社，2000.

[10]吴彩玲,苏秀芹.论电力企业教育培训与生产、安全的关系[J].中国电力教育，2011(15).

[11]杨玉志,张玉明.供电所安全管理水平的提升路径探索[J].科技促进发展,2012(4).